나만 모르고 있는
내 감정의 속사정

Original Japanese title: "TSUI KANJOUTEKI NI NATTE SHIMAU" ANATA E
Copyright © 2020 Hiroko Mizushima
Original Japanese edition published by KAWADE SHOBO SHINSHA Ltd. Publishers
Korean translation rights arranged with KAWADE SHOBO SHINSHA Ltd. Publishers
through The English Agency (Japan) Ltd. and Danny Hong Agency.

이 책의 한국어판 저작권은 대니홍 에이전시를 통한 저작권사와의 독점 계약으로 생각의날개에 있습니다.
저작권법에 의해 한국 내에서 보호를 받는 저작물이므로 무단전재와 복제를 금합니다.

나만 모르고 있는
내 감정의 속사정

미즈시마 히로코 지음 | 박미정 옮김

화내고 후회하는 당신을 위한 심리 처방전

자신도 모르게 감정적이 되는 당신에게

'자기도 모르게 감정적으로 되어 심한 말을 내뱉고는 항상 후회한다!'

'한번 화가 치밀어 오르면 잘 참지 못해 인간관계가 삐그덕댄다.'

혹시 이런 일을 겪고 있지는 않은가?

감정적으로 일을 처리하고 싶은 사람은 아마 이 세상에 아무도 없을 것이다. 하지만 우리는 일상에서 이런 현실을 자주 목격한다. 예를 들어 다음과 같은 경우가 자신에게 해당되는지 한번 살펴 보자.

- '감정적'으로 흥분하는 자신이 한심하게 느껴진다.
- '난 원래 그런 사람이 아닌데……'란 생각에 의기소침해진다.
- 만나기만 하면 분위기가 냉랭해져 사람들이 만나기를 꺼려 한다.
- 돌이킬 수 없이 심한 말을 내뱉는 통에 인간관계를 망쳐버리기 일쑤다.
- 한 번 좋지 않은 감정을 느낀 사람과는 좀처럼 감정이 풀리지 않아 관계를 지속해 가기가 어렵다.
- 말이 통하지 않는 사람에게는 일을 맡길 수가 없다.
- '감정적'으로 흥분해 해야 할 일이 밀릴 때가 있다.
- '갑질을 한다', '히스테릭하다', '화를 잘 낸다' 등등의 말을 자주 듣는 편이다.

물론 '감정적'일 때 느끼는 감정이 '분노'만은 아니다. 아래 경우처럼 '불안'에 시달리기도 한다.

- 그가 여전히 날 사랑하는지 불안해 계속 그를 구속

하게 된다.
- 결과가 잘 나올지 불안해서 일이 손에 안 잡힌다.

'감정적'으로 되면 인간관계나 일만 그르치는 것이 아니라 자신의 감정도 엉망진창이 되고 만다. '감정적'으로 되는 순간, 마음의 평안 또한 순식간에 깨지고 말기 때문이다.

예를 들어, 집안 꼴이 엉망이라며 아내에게 화를 자주 내어 집에서도 편히 쉴 수 없다면 확실히 삶의 질은 크게 떨어질 것이다. 게다가 이런 태도로 계속 가족들을 대하면 가족에게도 위기가 찾아올 수 있다. '항상 불평만 늘어놓는 사람과는 살고 싶지 않다'며 아내가 느닷없이 이혼 서류를 내밀지도 모른다.

"나는 감정을 잘 참으니까 문제 없어"라고 자신하는 사람도 주의해야 한다.

이들은 '감정적'이지 않은 게 아니라 다만 감정적인 게

귀찮은 상황을 초래한다는 이유로 '감정적으로 반응하지 않는 척'하는 것이기 때문이다. 자기 안에서 끓어오르는 감정을 참다 보면 스트레스가 쌓이기도 하지만, 계속 참고 살다가는 상대방에게 진심으로 다가가기도 힘들어진다.

결국, '감정적으로 되기 쉽다'는 사람도, '감정을 잘 다스릴 수 있다'는 사람도, '감정적'으로 대응하지 않으려고 애쓴다는 점에서 이들 모두 자유롭지 못한 삶을 살고 있다고 할 수 있다. '감정적'이 될 것 같은 상황을 이들은 가급적 피하려고만 들기 때문이다. 이것이 '감정적'으로 반응하게 되는 일의 본질적인 문제다.

한번 '감정적'으로 되면 자신을 컨트롤하기 어렵고, 그렇기 때문에 항상 '감정적'으로 되지 않기 위해 애써야 한다면 감정에 인생을 빼앗기는 일과 무엇이 다를까.

결국 '감정적으로 되는 경우'든 '감정적이지 않은 척 하는 경우'든 어느 쪽도 득이 될 것은 없다.

그렇다면 왜 우리는 쉽게 '감정적'으로 되거나, 반대

로 '감정적이지 않은 척'을 하는 걸까? 이 책에서는 이러한 의문들을 상세하게 풀어가면서 감정에 쉽게 휘둘리지 않기 위해 다음 네 가지 방법을 함께 익혀 나가려고 한다.

- 욱하는 반응을 '감정적으로' 발전시키지 않는 법
- 감정을 참는 것이 아니라, '감정적'으로 되지 않는 법
- '감정적'인 상대방에게 상처 받지 않는 법
- '감정적'인 자신으로부터 벗어나는 습관

감정에는 죄가 없다

나는 대인관계요법을 전문으로 하는 정신과의로서, 또한 애티튜디널 힐링(AH) 봉사활동을 통해서 감정에 휘둘리는 사람을 많이 만나온 사람으로서, 여기서 한 가지 분명하게 짚고 넘어가고 싶은 것이 있다.

우리가 '감정적'이 되는 것은 '감정'의 문제가 아니라

는 것이다.

하지만 여전히 '감정적'으로 되는 것은 '감정'의 문제라고 생각하는 사람들이 무척 많다. 시중에 다양한 감정 컨트롤법이 소개되어 있는 것도 이러한 이유에서다. 사람들은 '감정적'이라는 상태가 주는 나쁜 이미지 때문에, 감정 그 자체를 성가신 존재로 생각하는 경향이 강하다.

하지만 사실 이것은 감정의 입장에서는 매우 억울한 부분이다. 감정에는 아무런 죄가 없다. 오히려 '감정을 소중히 하는 것'은 '감정적으로 되지 않기' 위한 하나의 커다란 전제라고 할 수 있다.

지금까지 '감정적'인 자신이 마음에 들지 않아 다양한 심리 서적을 읽고 여러 방법을 시도해 본 사람도 그 정도가 가볍다면 어떻게든 해결이 되었겠지만 감정이 어느 선을 넘어서면 어떻게 해볼 도리가 없다.
또한 '감정을 놓아 버리자', '감정이 지나가기를 기다리자', '신경 쓰지 말자'는 말을 들어도 '그게 그렇게 쉽게 될 거면 이 고생을 안 하지!'라고 생각하는 사람도 있을 것이다.

  이 책은 그런 사람들에게 '감정적'인 심리 상태의 구조를 상세하게 설명해 줌으로써, 걸핏하면 '감정적'이 되어 손해 보는 인생을 살지 않도록 도와 줄 것이다. 아무쪼록 여러분 모두가 감정을 소중히 여겨 보다 질 높은 삶을 영위할 수 있기를 염원한다.

차례

005 **프롤로그** 자신도 모르게 감정적이 되는 당신에게

part 1

사람은 왜 감정적이 되는 걸까?

018 '감정'이란 무엇 때문에 존재하는 걸까?
022 화가 나는 것은 '예정'이 어긋났기 때문이다
026 만약 있는 그대로의 감정을 말할 수 있다면?
028 울컥 화가 치밀 때는 '충격'이 있었는지 생각해 보자
032 왜 타인을 평가하는 것이 폭력이 될까?
036 순간 '욱할 때' 감정적으로 발전시키지 않는 법
042 사람을 '감정적'으로 만드는 특정 생각
048 '감정적'이라는 말 뒤에 숨겨진 '무시당하고 싶지 않은' 기분
052 사람은 '감정적'이 되어 자신의 마음을 지키려고 한다
056 자신을 지키고 싶다면 '화'를 내기보다 '설명'하자
060 왜 한 번 실수를 하면 같은 실수를 반복하게 되는 걸까?

part 2

'감정적'인 사람은 '자존감'이 낮은 사람

- 066 '감정적'이 되는 것은 외상후 스트레스 장애와 닮았다
- 074 '자존감'이란 무엇인가
- 076 '지금 이대로도 충분하다'는 느낌이 있는가
- 080 문제의 근원에는 '역할 기대'의 어긋남이 있다
- 084 '날 이해하려고 하지 않아!'라는 생각이 타인과의 거리감을 만든다
- 088 감정을 활용한다는 것은 '긍정적 사고'와 다르다
- 092 말하고 싶은 것을 말하지 못하는 이유
- 100 '불안'도 말로 표현하면 편안해진다
- 106 '자존감'이 낮은 사람이 자주 하는 말

part 3
서로의 영역을 알면 상처받을 일이 없다

- 112 서로의 영역 존중하기
- 116 자신의 '영역'에 책임을 진다는 것
- 122 타인에게 '영역'을 침범당하지 않으려면?
- 126 악의가 없는 상대방에게 화가 날 때
- 130 충고는 왜 폭력이 되는 걸까?
- 136 그래도 충고를 하고 싶다면?
- 144 '나의 옳음'과 '타인의 옳음'은 다르다

part 4
'옳음의 줄다리기'에서 손 떼기

- 150 '내가 옳다'고 주장하는 것이 왜 사람을 무력하게 만드는 걸까?
- 154 '감정적'이 되는 이유는 '옳음'에 집착하기 때문이다
- 158 자신의 '옳음'을 타인에게 인정받고 싶은 이유
- 160 '옳다'는 생각보다 '진짜' 기분에 주목한다
- 164 서로의 '옳음'이 다를 때 대처하는 법
- 168 자존감이 낮으면 상대방의 의견을 받아들이기 힘들다
- 174 직장에서 부하직원에게 폭언을 할 것 같다면?
- 180 '용서할 수 없는' 자신을 비난하지 않기

part 5
쉽게 감정적이 되지 않기 위한 7가지 습관

- 186 **[습관1]** 자신의 몸 상태를 파악한다
- 192 **[습관2]** '상대방의 문제'라고 생각한다
- 196 **[습관3]** '친구 노트'를 쓴다
- 200 **[습관4]** 주어를 '나'로 바꾸어 생각한다
- 204 **[습관5]** '해야 할 것'이 아니라 '하고 싶은 것'에 초점을 맞춘다
- 206 **[습관6]** 그 자리에서 벗어난다
- 210 **[습관7]** '마음의 셔터'를 내린다

part 6
'감정적인 사람'을 대하는 법

- 216 '감정적인 상사'가 두렵다면?
- 222 갑작스러운 '언어 폭력'에 대처하는 법
- 226 모르는 사람이 갑자기 화나게 한다면?
- 232 SNS 상에서 문제 해결법
- 236 감정적인 진상들에게 대처하는 법
- 240 비정형발달장애가 있는 사람의 분노를 접했을 때

- 244 **에필로그** 자신이 강하다는 사실을 깨닫는다

part **1**

사람은 왜
감정적이 되는 걸까?

'감정'이란
무엇 때문에 존재하는 걸까?

사람은 어째서 감정적으로 되는 걸까?

'감정적'이라는 말은 감정에 휘둘려 사태를 냉정하게 보지 못함을 의미한다.

사람들은 감정적으로 될 때면 그것이 감정의 문제라고 생각한다. 하지만 프롤로그에서 말했듯이 사실 감정 그 자체는 아무 잘못이 없다.

이 책에서 나는 아무 죄도 없는 본래의 감정, 즉 있는 그대로의 감정을 '감정적'이라는 말과 구별해 쓰고 있다.

그렇다면 '있는 그대로의 감정'은 무엇 때문에 있는 걸까?

이는 인간에게 갖춰진 자기 방어 기능이다.

예를 들어, '뜨겁다', '아프다'와 같은 감각은 그 상태가 자기 몸에 어떤 의미를 갖는지를 알게 해 준다. 그 결과 '뜨겁다'고 느끼면 뜨거운 것에서 손을 떼고, '아프다'고 느끼면 밟고 있는 것을 치우거나 상처를 치료하는 식으로 자기 몸을 보호할 수 있다.

이렇게 생각하면 '뜨겁다', '아프다'는 감각을 느끼지 못하는 신체는 정말 위험하다고 할 수 있다.

마찬가지로 감정 또한 마음의 감각 같은 것이다.

이를테면 '불안'이라는 감정은 안전이 확보되지 않았을 때 생기는 감정인데, 우리는 불안을 느끼기 때문에 사태를 신중히 바라보고 행동을 조심할 수 있다.

결국 감정이란 다음과 같은 사실을 알려 주는 것이라고 할 수 있다.

- 그 상황이 '자기 마음'에 어떤 의미를 갖는가.
- 그 상황이 '자기'라는 존재에게 어떤 의미를 갖는가.

'감정적'이라고 하면 먼저 분노나 짜증 같은 걸 떠올리기 쉬운데, 그렇다면 이런 감정들은 우리에게 무엇을 알려 주는 걸까?

한마디로 '자신이 괴로운 상황에 처해 있다'는 것이다.

'나는 힘들거나 괴롭지 않다', '순전히 상대방이 잘못해 화가 나는 것일 뿐'이라고 말하는 사람도 있을 테지만, 상대방이 잘못했더라도 '자신이 옳다고 믿는 사실이 상대방에게 통하지 않아 괴롭다'는 의미에서는 역시 괴로운 상황인 건 마찬가지다.

POINT

'분노'는 자신이 괴로운 상황에 놓여
있다는 사실을 일깨우는 감정이다.

화가 나는 것은
'예정'이 어긋났기 때문이다

 '분노'는 '자신이 괴로운 상황에 처해 있다'는 사실을 일깨워 준다고 했다. 그런데 왜 괴로운 것일까? 원인은 다양하지만 우선 꼽을 수 있는 것이 '예정의 어긋남'이다.

> CASE
> 결혼기념일은 고급 레스토랑에서 보낼 생각이었는데 아내가 '친구와 약속이 있다'고 해 그만 화를 내고 말았다.

 이런 사례는 누구의 잘못도 아닌, 참 안타까운 케이스

다. 모처럼 아내와 행복한 시간을 보내려고 했는데 아내가 그만 다른 일정을 잡아 버린 것이다.

결혼기념일은 당연히 함께 보내야 된다고 생각한 남편. 그리고 그렇게 생각하지 않은 아내. 도대체 왜 이렇게 되어 버린 걸까?

매년 결혼기념일을 챙기는 부부였다면 아내가 '그만 깜박'했을지도 모른다. 혹은 매년 결혼기념일을 챙기지 못해 미안했던 남편이 '올해만큼은' 챙기리라 다짐한 것일 수도 있다.

어쨌든 이는 남편 입장에서 보면 명백히 '예정이 어긋난 것'이다.

남편은 분명 '고급 레스토랑에서 멋진 저녁을 보내면 아내가 기뻐하리라'고 기대했을 것이기 때문이다.

'감정적'으로 행동하게 되는 첫 단계는 이렇게 예정이 어긋나서 생기는 경우가 굉장히 많다.

'뭐라고?', '이렇게 될 일은 아니었는데……', '어째서?'

와 같은 기분이 예정과 어긋남으로써 생긴다.

나는 이것을 '예정의 어긋남에 의한 분노'라고 부른다.

자신이 예정한 대로 되지 않았을 때 '분노'의 감정을 느끼는 건 당연하다. 자기가 원래 예정한 것이 어긋나서 괴로워하는 가운데 생기는 감정이 바로 분노이기 때문이다.

아내에게 거절당한 것 같은 기분이 들어 '분노'와 함께 '외로움'이나 '슬픔' 같은 감정도 들 수 있다. 워낙 갑작스럽게 벌어진 일이라 감정적으로 되더라도 어쩔 수 없는 부분이 있다.

POINT

'분노'란 감정의 이면에는
'예정의 어긋남'이 있다.

만약 있는 그대로의 감정을
말할 수 있다면?

그래도 한번 생각해 보자.

감정은 자신에게 갖추어진 중요한 기능이라고 앞에서 말했다. 이 경우의 감정(분노와 외로움)은 '이런 상황이 견디기 힘들다', '이런 상황에서 나는 아내의 애정을 느낄 수 없어 외롭다'는 사실을 알려 준다.

만약 이런 감정을 있는 그대로 받아들일 수 있었다면 어땠을까? 다시 말해 아내에게 '결혼기념일을 모처럼 고급 레스토랑에서 보내고 싶었는데 섭섭하다'고 솔직하게 털어놓았더라면 아내 편에서도 다르게 나오지 않았을까?

게다가 이러한 상호작용의 결과는 이후의 부부관계에도 긍정적으로 작용한다. 왜냐하면 남편은 '특별한 시간을 보내고 싶었다'는 사실을 아내에게 전할 수 있기 때문이다.

하지만 실제 상황에서 남편은 '감정적'으로 대응하고, 아내는 "가든지 말든지 마음대로 해!"라는 남편의 말에 상처를 받으면서 결국 두 사람의 관계는 틀어지게 되었다. 남편도 '이제 내가 결혼기념일 따위 챙기나 봐라' 하며 마음의 문을 닫을 수 있다. 이는 여러 측면에서 부부관계에 안 좋은 영향을 끼친다.

이처럼 마음이 엇갈리는 상황을 피하려면 어떻게 하면 좋을까? 우선은 자신의 감정(분노와 외로움)을 알아차리는 것이 중요하다. 그리고 '이런 상황에서 이런 감정을 느끼는 건 당연해' 하고 자신의 감정을 있는 그대로 받아들여야 한다.

POINT 솔직한 감정을 전하면
관계는 악화되지 않는다.

울컥 화가 치밀 때는
'충격'이 있었는지 생각해 보자

'예정의 어긋남에 의한 분노'와 마찬가지로 '충격에 의한 분노'도 생각해 볼 수 있는데, 예상하지 못한 충격이 사람들에게 끼치는 영향은 매우 크다.

CASE
"그런 것도 몰라?"라는 친구의 말에 격분하고 말았다. 바로 감정을 터트린 나 자신이 싫다.

"그런 것도 몰라?"라는 친구의 말은 꽤 충격적으로 다가올 것이다. 친구로부터 이런 말을 들으리라고는 좀처럼 생각할 수 없기 때문이다.

그런데 이런 충격은 어째서 분노로 이어지는 것일까?

인간은 본래 변화를 '스트레스'로 받아들이는 경향이 있다.

비록 자신이 원하던 변화라 해도 새로운 환경에 적응하다 보면 적잖이 스트레스를 받을 수 있다. 예를 들어 자신이 희망한 부서로 자리를 옮기는 경우라고 하더라도 앞으로 모든 일이 순조롭게 진행되리라 장담할 수 없다. 게다가 책임은 더욱 무거워지고 지금까지 해 오던 업무 방식에 변화가 찾아오는 등 스트레스는 더욱 커질 수 있다.

사람은 기본적으로 '지금까지 해 오던 대로 하면 어떻게든 되겠지'라고 생각하는 경향이 있다.

물론 일보 전진을 꾀하기도 하지만 어디까지나 자기 페이스에 맞춰 자기가 원하는 방향으로 나아가는 경우에 한해서다.

그런데 충격은 '지금까지 해 오던 대로 하면 어떻게든

되겠지'라는 생각을 단숨에 꺾어 버린다. 그렇기 때문에 사람들은 충격을 받으면 그것을 '공격'으로 받아들인다.

공격에 대한 반응은 다양하다. 그 자리에서 얼음처럼 굳어버리거나 반격을 가할 수도 있고, 자신이 못나 공격을 당하는 거라며 자괴감에 빠질 수도 있다. 하지만 대개 '분노'를 느낄 때에는 '감정적'으로 된다.

물론 이 사례에 나오는 친구는 '자신이 상대방을 공격했다'고 생각하지 않을 것이다. 하지만 그 말을 들은 당사자는 이를 공격으로 받아들이지 않을 수 없다. 왜냐하면 사람들에게는 자기만의 상황이란 게 존재하기 때문이다.

타고난 천성과 부모의 양육 방식, 알고 지내는 사람들의 성향, 삶의 경험 등은 사람마다 다를 것이고 이런 개인사는 당사자 말고는 알 길이 없다.

그런 사정도 모르면서 "그런 것도 몰라?"라고 상대방을 평가하는 태도는 대단히 폭력적이다. 당연히 알아야 할 것을 모르는 한심한 인간이라고 말하는 것이나 다름없기 때문이다.

POINT

사람들은 충격을 받으면
이를 '공격'으로 받아들인다.

왜 타인을 평가하는 것이
폭력이 될까?

앞에서 '평가'에는 폭력성이 있다고 말했듯이, 평가 또한 '분노'를 불러온다. "그런 것도 몰라?"라고 말한 친구를 향한 분노에는 뜻하지 않은 말을 들었을 때의 '충격'과 무시하는 듯한 친구의 '평가' 때문에 생긴 '분노'가 모두 포함되어 있다.

그러면 어떤 평가가 공격이 되는 것일까?

평가에는 객관적 평가와 주관적 평가가 있다.

언젠가 고속도로를 시속 128킬로미터로 달리다가 속

도위반 딱지를 뗀 적이 있다. 이에 대해 나는 아무런 유감도 없다. 시속 128킬로미터로 달려 속도위반을 한 사실은 객관적인 평가, 즉 누가 보더라도 같은 결론에 도달할 평가이기 때문이다.

객관적인 평가를 '어세스먼트 assessment'라고 하는데 예를 들면 병의 진단 등이 (일정 이상의 경험과 능력이 있는 사람이 하는 것이라면) 어세스먼트에 해당한다.

반면, 주관적인 평가(내가 '저지먼트 judgement'라 부르는 것)는 자신의 경험이나 감각에 기초해 평가를 내리는 것으로서, 문자 그대로 '주관적인 것'을 말한다. 주관적인 평가 또한 감정과 마찬가지로 우리 몸을 지켜 주는 것으로, 우리에게 갖추어져 있는 힘이다.

우리는 안전한 삶을 살기 위해 사람의 겉모습만으로 '이 사람은 다정해 보인다', '저 사람은 거리를 두지 않으면 안 될 만큼 인상이 매섭다' 등의 평가를 내려 자기 몸을 보호할 필요가 있다.

물론 상대를 알아가면서 최초에 내린 평가는 조금씩 수정될 수 있지만, 평가를 내리는 일 자체는 문제될 게 없다.

문제는 '자신이 자기 나름의 기준으로 주관적인 평가를 하고 있다'는 인식 없이 자기 평가가 모두에게 적용되는 진리라고 착각하는 것이다.

예를 들어 "당신 정말 일을 감정적으로 처리하고 있군, 그래서는 사회에서 살아남기 힘들어", "자네, 일을 너무 우습게 보고 있는 거 아냐? 그러니 성과가 안 나오지" 등과 같은 말은 상대방을 '감정적이다' '우습게 본다'라고 주관적인 평가를 내리면서 일방적으로 단정짓고 있다.

이처럼 자기 나름의 기준을 가지고 내린 주관적인 평가를 절대적 진리인 양 받아들이기 시작하면 굉장히 폭력적인 것이 되어 버린다.

앞의 사례에서도 '바로 감정을 터뜨린 나 자신이 싫다'고 했지만 사실 "그런 것도 몰라?"라는 말을 듣고 울컥 화가 난 것 자체에는 아무 잘못이 없다. 갑자기 누군가로부터 심한 말을 들었을 때 '분노'란 감정이 이는 것은 당연하기 때문이다.

POINT

주관적 평가는 진리가 아니다.

순간 '욱할 때'
감정적으로 발전시키지 않는 법

지금까지 '예정의 어긋남에 의한 분노', '충격에 의한 분노', '평가에 의한 분노'를 살펴 봤다.

자기가 생각했던 대로 일이 안 풀리거나 누군가로부터 심한 충격을 받았을 때, 또는 말도 안 되는 평가를 받았을 때 분노를 느끼거나 불안감에 사로잡히는 건 자연스러운 현상이다.

이는 감정이 '지금 나에게 무슨 일이 일어나고 있는지'를 알려 주는 방편일 뿐이다.

이때 '지금 내가 몹시 힘들다'는 사실을 알아차리고 인정할 수 있으면 감정에 휘말리는 일 없이 힘든 상황을 개선시킬 여지가 생긴다.

그런데 감정적으로 대응하지 않기 위해 사람들은 보통 '자신의 감정을 부인하고 이를 긍정적인 감정으로 바꾸려고 한다. 또는 감정을 가라앉히기 위해 몸을 움직이거나 공기를 환기시키고 장소를 옮기는 등 기분전환을 시도해 보거나 주어진 일에 매진하며 감정이 사라지기만을 기다리기도 한다.

이러한 방법들도 확실히 도움이 되긴 하지만 이런 식으로 떨쳐낼 수 있는 감정은 기본적으로 가벼운 것들뿐이다.

가벼운 감정이라면 힘들이지 않고 이를 처리할 수 있다. 따라서 앞에서 말한 방법으로 효과를 봤다면 일부러 이를 부정할 필요는 없다.

하지만 이 책을 읽고 있는 분들은 이러한 방법으로는 해결하지 못하는 경우를 알고 싶어 이 책을 선택했을 것이다. 그렇기 때문에 '감정적'으로 되는 메커니즘에서부터 대처법까지 확실하게 이야기하고자 한다. 그래야만 임시방편이 아닌, 본질적인 해결을 도모할 수 있기 때문이다.

감정적이 되지 않기 위한 첫 단계는 '일반적으로 떨쳐내는 편이 좋다고 여겨지는 부정적인 감정일지라도 그 자체로 인정하는' 것에서 출발한다.

'분노'를 긍정하는 것은 상황에 따라서는 결코 쉬운 일이 아니다. 특히 앞서 말한 "그런 것도 몰라?"라는 사례처럼 자신의 '부족함'을 지적당할 때 '화를 내지 않고 이를 겸허히 받아들임으로써 인격적으로 더욱 성장해야 한다'는 도덕관을 가진 사람도 있을 것이다(이런 '~해야 한다'는 식의 도덕적 당위에 대해서는 감정적이 되는 중요한 요소이므로 5장에서 자세히 설명하도록 하겠다).

하지만 누군가로부터 갑자기 심한 말을 들었다면 누구라도 분노를 느낄 것이다. 이는 사람이라면 당연한 반응이라 할 수 있다.

'예기치 않게 심한 말을 듣고 상처를 받아 이렇게 화가 나는 거구나'라고 자기감정을 인정하고 받아들이면 상황은 조금씩 달라질 것이다.

상대가 말한 것을 겸허히 받아들여야 한다고 생각할 때와 '그렇다 쳐도 말이 너무 심하잖아. 기분이 나쁜 건 당연해'라고 스스로를 다독일 때와는 각각 '감정적'이 되는 정도도 달라진다.

물론 후자가 감정적으로 흐를 가능성이 적다. 자기 말을 누군가 들어주는 상황을 떠올리면 이해가 쉬울 것이다.

예를 들어 "그런 것도 모르냐면서 바보 취급을 당했다"는 말을 친구에게 털어놓았을 때 "말이 너무 심한 거 아니야? 그런 거 알아도 그만, 몰라도 그만이야"라고 공감해 줬다면 감정적으로 되었다가도 금세 기분이 풀릴 것이다.

하지만 같은 말을 해도 "확실히 몰랐던 것도 사실이고 바보 취급이라니, 네가 너무 예민하게 받아들이는 거 아니야? 그 사람도 너를 생각해서 말한 거겠지, 괜히 그런 말에 신경 쓰지 마"라는 말을 들었다면 어땠을까?

 어느 정도 이상의 분노를 느끼고 있는 사람이라면 아마 더욱 '감정적'으로 되고 말았을 것이다.

POINT

자기감정을 부정하면 할수록
더욱 '감정적'이 된다.

사람을 '감정적'으로 만드는 특정 생각

'예정의 어긋남에 의한 분노'와 '충격에 의한 분노', '평가에 의한 분노'는 모두 일시적인 감정에 불과할 뿐이다. 이런 경우 화가 나는 원인을 알면 감정에 휘둘리는 일 없이 자연히 화가 사라질 수도 있다. 하지만 스스로 화를 자초하는 경우도 있다.

다음 예를 살펴 보자.

> **CASE**
> 부하직원이 내가 지시한 일을 하지도 않고 퇴근해 버려 화가 머리끝까지 치밀었다.

이 또한 감정적인 상황으로 치닫는 대표적인 패턴 중 하나다.

처음에는 '시킨 일을 부하직원이 하지 않았다'는 사실에 충격을 받는다. 이는 상사에게는 '예정과 어긋난 상황'이라 볼 수 있다.

본래 예정대로라면 '그 일은 부하직원에 의해 끝나 있는 일'이어야 하기 때문이다. 우리는 대부분 자기 생각대로 일이 진행되지 않을 때 울컥 화가 치민다.

이런 감정은 상황이 예정된 대로 되지 않았다는 충격에 따른 발신음 같은 것이다.

선택의 여지가 생기는 것은 그다음이다.

사실 앞의 사례처럼 일이 손에 잡히지 않을 만큼 감정이 격해졌을 때는 스스로 감정을 만들어 냈을 가능성이 높다.

처음에는 예정의 어긋남과 충격에 의한 반응에 지나지 않았을지 모르지만 이후 '내가 지시한 일을 하지도 않고 퇴근해 버리다니, 도대체 생각이 있는 거야, 없는 거야? 나를 무시하는 것도 아니고'라는 생각이 계속 들면서 화가 더욱 증폭되어 버리고 마는 것이다.

결국 감정적으로 되는 것은 '감정의 문제'가 아니라 '특정 생각의 문제'다.

이는 매우 중요한 포인트다.

일어난 일에 반응하는 감정 자체는 자연스러운 것으로 문제될 게 없다. '예정의 어긋남', '충격', '평가'라는 공격에 대한 반응일 뿐이다.

하지만 '나를 바보로 생각하지 않고서야……' 같은 생각에 사로잡히기 시작하면 상황은 전혀 딴판으로 흐르게 된다. 사람들은 보통 이런 상황을 기점으로 감정적으로 된다.

이와 같이 '사람을 감정적으로 만드는 생각'을 '감정적 사고'라고 한다.

처음 사건의 충격으로 인한 감정의 동요는 어쩔 수 없다고 쳐도, 계속해서 화가 풀리지 않아 전전긍긍한다면 현실적으로 본인에게 득이 될 것은 없다. 현재 부하직원은 퇴근을 한 상태라 일을 시킬 수도 없기 때문이다.

그렇다면 이런 상황에서 어떻게 하는 것이 좋을까?

'화가 나지만 어쩔 수 없으니 그냥 놔두'거나 '주체할 수 없는 화를 컨트롤해야 한다'고 생각하는가? 상황이 가벼운 경우라면 그냥 내버려 둬도 상관없을 것이다. 앞에서 말한 것처럼 몸을 움직이거나 밖에 나가는 등 변화를 주면 감정이 어느 정도 수그러들지도 모른다. 이 정도라면 여러분도 여러 가지 궁리를 할 수 있다.

하지만 그래도 안 될 때는 '화를 다스려야 한다'는 생각 자체가 오히려 상황을 악화시킬 수 있다. 화를 억누르려고 하면 할수록 더욱 감정적이 되고 말 것이다.

왜냐하면 화를 다스리지 못하는 자신에게 불똥이 튀

기 때문이다. 결국 화가 난 상황에서 이를 다스리지 못하는 자신에게 화를 냄으로써 화를 더욱 증폭시키는 것이다.

결과적으로 자기만 계속 불쾌해지면서 힘들어질 수 있다(부하직원은 어딘가에서 즐거운 시간을 보내고 있을지도 모른다).

그렇다면 과연 어떤 식으로 문제를 해결해야 할까?

POINT

감정적 사고가 '화'를 만들어낸다.

'감정적'이라는 말 뒤에 숨겨진
'무시당하고 싶지 않은' 기분

우선 '지시한 일을 하지도 않고 퇴근해 버리다니 도대체 생각이 있는 거야, 없는 거야?'라는 생각부터 살펴보자.

물론 여기서 화가 난 원인 중 하나는 부하직원이 일을 하지 않고 돌아간 일에 '충격'을 받았기 때문이다.

하지만 이 정도 충격만으로 분노가 장시간 지속되지는 않는다. 가령 가구 다리 모서리에 무릎이 부딪혀 아프더라도 얼마 지나지 않아 괜찮아지는 것처럼, 분노도 시간이 지나면 누그러지기 마련이다.

특히 이런 경우, 상사인 본인도 눈앞에 처리해야 할 일이 있을 것이기 때문에 자기 일에 묵묵히 매진하다 보면 앞서 받았던 충격도 어느 정도 가실 것이다. 그럼에도 불구하고 분이 풀리지 않는다면 그 이유는 과연 무엇일까?

이는 부하직원이 자신이 시킨 일을 하지도 않고 퇴근해 버렸다는 사실로부터 '나를 바보로 알고 있는 거 아니야?'라는 생각을 이끌어 냈기 때문이다.

자기가 무시당했다는 생각은 계속해서 분노와 굴욕감을 일으키는 감정적 사고다. 이러한 사고가 '감정적'이 되는 경우는 주위에서 흔히 볼 수 있다.

'바보 취급을 당했다'는 생각까지는 아니더라도 '존중받고 있지 않다'는 정도의 생각은 누구라도 들 수 있다. 예를 들어 주변 사람과 부딪쳤을 때 사과하네 마네로 '감정적'이 되는 것도 '내가 바보 취급을 당하고 있는 건 아닐까'라는 감정적 사고와 관련이 있다.

이런 감정적 사고는 자기 자신을 나약한 존재로 만드는데 이에 대해서는 나중에 이야기하기로 하고 여기서는 일단 감정적 사고가 실제로는 어떤 결과로 이어지는지 살펴 보기로 하자.

'나를 바보로 알고 있는 거 아니야?'라며 화를 내면 과연 그것이 무시당하지 않는 결과로 이어질까?

애초에 상대방이 자리에 없으니 그런 일은 아예 일어나지 않을 것이다. '감정적'으로 되어 전화를 거는 것쯤은 가능할지도 모르겠다. 하지만 그런다고 상대방의 존중을 얻을 수 있을까? 전혀 그렇지 않다. 그러기는커녕 부하직원은 '감정적'이 되어 전화를 건 상사를 '속 좁은' 사람으로 생각할 공산이 크다. 사회 전반적으로 감정적인 사람은 자신을 냉정히 다스리지 못한다는 의미에서 성숙하지 못한 사람으로 보는 경향이 있다.

결국 '나를 바보로 아는 거 아니야?'라는 감정적 사고는 오히려 스스로를 더욱 바보로 만들기 쉽다.

POINT

무시당하지 않으려고 애쓸수록 더
무시당하기 쉽다.

사람은 '감정적'이 되어
자신의 마음을 지키려고 한다

이제 감정이 자기 방어를 위해 갖추어져 있는 것임은 잘 이해가 되었을 것이다. 아픔을 느끼는 감각이 신체를 지켜 주듯이, 사람은 분노를 느낌으로써 '자신에게 해가 되는 것이 있다'는 것을 인지하고 자기 마음을 지키고자 한다.

따라서 '감정적'이 된다는 건 어긋난 방식이긴 하지만 '자신의 마음을 방어하는' 방식의 일종이라고 할 수 있다.

하지만 '감정적'으로 방어하는 방식은 효과적이기는커녕 오히려 자신을 한층 위험에 빠트릴 수 있다.

처음에는 단순히 '예정의 어긋남'과 '충격'에 따른 단순한 반응이었겠지만 자신을 지키기 위해 '감정적'으로 됨으로써 되레 스스로를 괴롭힐 수 있고, 경우에 따라서는 상대방으로부터 무시를 당하거나 반격을 당할 수도 있다.

이러한 부적절한 자기 방어를 '어긋난 방어'라고 한다.

이 말보다 '과잉 방어'란 말이 더 이해하기 쉬울지 모르겠다. 하지만 '과잉 방어'란 방어할 목적으로 행하는 일이 과도하게 격해지는 것을 뜻하는 반면, '어긋난 방어'는 '과도'한 것이 아니라 단지 '방향이 다른' 것을 의미한다.

결국 자신을 지키기 위해 했던 일이 전혀 자신을 지키는 일로 연결되지 않음을 뜻한다. 앞에서 든 예에서처럼 부하직원이 일을 하지 않고 퇴근했다고 분노를 터트려 봤자 부하직원으로부터 존경을 받기는커녕 오히려 위기 대응에 서툰 상사로 찍혀 바보 취급만 당할 가능성이 높다.

POINT

자기 안의 '어긋난 방어'를
알아차리자.

자신을 지키고 싶다면, '화'를 내기보다 '설명'하자

예를 하나 더 들어 보자.

CASE

오늘 저녁에 첫 데이트 약속이 잡혀 있는데 상사로부터 느닷없이 야근을 하라는 명령이 떨어졌다. 화가 나서 그만 '회사를 그만두겠다'고 폭탄 선언을 해 버렸다.

이는 심하게 예정이 어긋난 경우다. 충격을 받은 것도, 부정적인 감정에 휘둘리는 것도 당연하다. 하지만 화가 난 나머지 '회사를 그만두겠다'는 말을 내뱉은 것은 어디까지나 '어긋난 방어'에 해당한다. 게다가 이 경우에는 '예정의 어긋남'에 더해 '자신이 존중받지 못하고 있다'는 '감정적 사고'가 한층 강하게 작용하고 있다. 자신의 귀중한 시간을 아무것도 아니라는 듯이 빼앗겼을 때 자신이 존중받지 못하고 있다고 느끼는 건 어찌 보면 당연하다.

이런 이유로 감정을 터트림으로써 부당한 회사로부터 자신을 지키고 싶었겠지만 진정한 의미에서 자신을 지키는 일은 불가능할 것이다. 오히려 '쉽게 흥분하는 사람'이라는 인상을 주어 직장에서 이미지만 나빠질 뿐이다.

만약 상사가 그 자리에서 '그만두겠다'는 말을 곧이곧대로 받아들여 사표를 수리한다면 직장을 잃을 수도 있다.

진정한 의미에서 자신을 지키고 싶다면 "오늘 취소할 수 없는 선약이 있어서요"라는 뜻을 내비쳐 상사를 이해시키는 일이 필요하다.

단순히 감정을 터트린다고 상사가 당신이 원하는 것을 들어줄 리는 만무하기 때문이다.

"죄송하지만 오늘은 도저히 안 되겠는데요"라고 사정을 얘기한 뒤 상사의 양해를 구하는 것이 진정한 의미에서 자신을 지키는 일이 된다.

POINT

감정을 터트리는 것도
'어긋난 방어'다.

왜 한 번 실수를 하면
같은 실수를 반복하게 되는 걸까?

'어긋난 방어'가 '분노'라는 감정에서만 나타나는 것은 아니다. 예를 하나 들어 보자.

> CASE
> 실수를 하고 나면 마음이 불안해져 자꾸 실수를 반복하게 된다.

'감정적'으로 된다는 것은 이성을 잃고 감정에 휘둘리는 걸 의미하는데, 분노만이 아니라 '불안' 또한 그러한 상태에 빠지기 쉽다. 그리고 '분노'와 마찬가지로 '불안' 또한 '감정적 사고'가 더해지면 더욱 커지는 경향이 있다.

실수를 하면 누구나 충격을 받기 마련이다. 여느 때와 마찬가지로 일했을 뿐인데 뜻하지 않은 곳에서 실수한 사실을 지적당하는 것이기 때문이다.

한번 충격을 받으면 '또다시 충격을 받고 싶지 않아'라는 경계심이 일기 때문에 '또 실수를 하면 어떻게 하지?'라는 생각에 사로잡히게 되고, 그러다 보면 도리어 일이 손에 안 잡혀 자꾸 실수를 반복하게 된다.

이 경우에서도, 충격에 반응하는 데 그치지 않고 '나는 왜 이리 칠칠치 못한 걸까', '또 실수를 하면 사내 평가가 나빠질 텐데……' 등등의 감정적 사고가 발동한다. 그러면서 점점 더 불안에 사로잡혀 또 실수를 하게 되는 것이다.

이처럼 '불안해서 자꾸 실수를 반복해 버리는' 상태도 일종의 '어긋난 방어'에 해당한다. 하지만 심신은 충격을 받으면 '두 번 다시 이런 충격을 받고 싶지 않다'는 모드로 전환되기 때문에 어쩔 수 없는 측면도 있다.

하지만 자기가 충격받았다는 사실을 인지하고 있으면 감정이 차분해질 때까지 기다리면서 어긋난 방어로 인해 상처받는 상황을 컨트롤할 수 있게 된다.

적어도 '지금은 충격을 받았으니 평소와 달리 주의가 필요하다'고 생각하면 이 시기를 좀 더 현명하게 넘길 수 있다.

지금까지 '감정적'으로 된다는 것에 대해 살펴 봤다.

'감정적'으로 된다는 건 '어긋난 방어'를 하고 있다는 것이다. '감정적인 사람은 미숙한 사람 취급을 당한다'는 차원의 이야기가 아니라 '자신을 전혀 보호하지 못하고 있다'는 심각한 문제인 것이다.

그렇기 때문에 자신을 올바르게 지키기 위해서는 감정을 잘 활용할 필요가 있다. 이어지는 장에서는 그 방법에 대해 살펴보려고 한다.

POINT

분노만이 아니라
'불안' 또한 감정적인 상태에
빠지기 쉽다.

part 2

'감정적'인 사람은 '자존감'이 낮은 사람

'감정적'이 되는 것은
외상후 스트레스 장애와 닮았다

1장에서는 어느 때 사람들이 '감정적'이 되는지에 대해 살펴보았다. 하지만 같은 상황이라도 모든 사람이 '감정적'으로 반응하지는 않는다. 감정적으로 흥분을 잘하는 사람들이 있는가 하면, 대수롭지 않게 그냥 넘겨 버리는 사람들이 있다. 그렇다면 '감정적으로 되기 쉬운 사람'과 '그렇지 않은 사람'의 차이는 어디에 있는 것일까?

우선 '감정적'인 사람의 특징 중 하나로, '자기의 진짜 감정을 잘 모른다'는 점을 꼽을 수 있다.
이와 같은 경우의 가장 극단적인 사례로는 외상후 스

트레스 장애PTSD를 들 수 있다.

'감정적으로 되고 싶지 않다는 걸 이야기하는 데 외상후 스트레스 장애가 뭔 상관이야'라는 생각이 들지도 모르겠다. 하지만 외상후 스트레스 장애는 '감정적'이라는 주제와 깊이 관련되어 있기 때문에 여기서 잠깐 살펴 보고 넘어갈 필요가 있다.

외상후 스트레스 장애는 생명을 위협할 정도의 극심한 스트레스(정신적 외상)를 경험하고 이로 인해 마음에 상처를 받아 시간이 지난 후에도 다양한 증상을 일으킬 수 있는 마음의 병을 일컫는다.

예를 들어 생사를 넘나드는 전쟁터에서 살아남은 생존자가 전시 상황이 아닌데도 항상 타인이나 주변을 경계하고 예민해지는 상태를 말한다(부교감 신경 항진증이라고도 한다). 확실히 위험한 상황에서는 그것이 적절한 방어 수단이었을지 모르지만 안전한 환경에 있는 현재 상황에서는 '어긋난 방어'라 말할 수 있다.

왜 안전한데도 불구하고 방어하기 위해 경계 태세를 늦추지 않는 걸까? 그것은 외상후 스트레스 장애를 앓는 사람은 '이 세상은 위험으로 가득 차 있다', '사람들이 나를 속이고 있다'는 색안경을 끼고 세상을 바라보고 있기 때문이다.

이러한 현상을 비단 외상후 스트레스 장애를 앓고 있는 사람들에게서만 볼 수 있는 것은 아니다.

우리는 일반적으로 이러한 '자기 평가'를 통해 세상을 바라본다. 다시 말해 자신이 지금까지 만들어 온 데이터베이스를 통해 세상을 바라보고 있다고 말할 수 있다.

'감정적으로 되기 쉬운' 사람도 다양한 데이터베이스를 갖고 있다. 예를 들어 '사람들이 나를 바보로 안다'라는 데이터베이스가 있으면, 상대방이 이야기를 나누는 도중에 하품만 해도 보통은 '피곤한 모양이네'라고 넘겨버릴 것을 자기를 바보 취급한다고 생각하기 쉽다.

외상후 스트레스 장애에는 다양한 치료법이 있다. 하지만 내가 전문으로 하는 대인관계요법에서 치료는 자기감정을 소중히 하는 것에서 출발한다.

아무래도 트라우마를 가진 사람은 더 이상 자기감정을 느낄 수 없게 돼 버리기 때문이다.

외상후 스트레스 장애가 있는 사람의 마음속에서는 자기가 겪은 일이 너무나 괴롭기 때문에 감정을 마비시켜 버리거나, 현실감을 없애 버림으로써 어떻게든 목숨을 부지하려는 메커니즘이 작동한다(물론 무의식이다). 예컨대 어렸을 때 심한 괴롭힘이나 학대를 받는 등 물리적으로 도망칠 수 없는 환경에 있었다면, 정신적으로 도망을 치게 된다.

이는 '해리'라 불리는 다양한 증상과 관련이 있다. 가장 현저한 증상으로는 이른바 '다중인격'(해리성인격장애)이라 불리는 것이 있다. 일정 기간의 기억을 잃어 버린 경우라면 현실감이 완전히 사라지는 경우도 있다.

대인관계요법은 치료실이라는 안전한 곳에서 자기감정을 알아차리고 느낄 수 있도록 하는 것뿐만 아니라 그

감정에 따라 자신의 환경을 보다 좋게 만들 수 있도록 돕는 것이 치료의 핵심이다.

자신의 감정을 마주하고, 이를 안심할 수 있는 사람에게 털어놓음으로써 타인에 대한 신뢰감과 더불어 자기 자신에 대한 신뢰감을 회복할 수 있다. '안심할 수 있는 사람'이라고 했지만 사실 자기의 진짜 감정은 안전한 환경에서만 그 모습을 드러낸다. 이는 커다란 의미를 갖는다.

> **CASE**
>
> 친구가 "하고 싶은 말이 있으면 다 해 봐"라고 했지만, 어렸을 때부터 항상 '참고 자제하라'는 말을 들어서 그런지 이젠 말하고 싶은 게 뭔지도 잘 모르겠다.

이 사례처럼 어릴 적 습관으로 자기감정에 접근하기 어려운 사람들은 의외로 많다. 이를테면 알코올 의존증에 걸린 사람이 자기감정으로부터 도망치는 경우를 많이 볼 수 있는데, 이는 '괴로운 일'이 있을 때 이를 '말'로 표현해 도움을 요청해 본 적이 없기 때문에 술기운을 빌어서라도 괴로운 일로부터 벗어나려는 것이다.

> **CASE**
> 이혼한 이후로 일에만 매달려 살았다. 일을 하지 않으면 초조하고 불안할 뿐만 아니라 일을 제대로 하지 않는 사람만 봐도 화가 난다. 가끔은 내가 갑질을 하고 있는 게 아닌가 하는 생각이 들기도 한다.

이는 '마음속 외로움'을 직면하지 못해 계속해서 일에만 매달리는 사례로 볼 수 있다. 하지만 계속 이런 식으로 살다간 언젠가 문제가 터질 수 있다.

이와 달리 이혼 후 외롭고 쓸쓸하다는 자신의 감정에 한 발짝 가까이 다가갈 수 있다면 '이혼하고 혼자가 되니까 정말 쓸쓸하고 슬프구나'라고 자신을 따뜻한 연민의 눈으로 보듬을 수 있다.

마음의 문을 닫고 '이제 일만 하고 살아야지'라는 마음가짐으로 산다면 결국 예민해지면서 주변과의 관계도

껄끄러워질 것이다. 자기감정에 접근한다는 게 얼마나 중요한지 알 수 있는 대목이다.

자신은 잘 모른다 해도 심신은 무언가를 느낄 것이고, 이는 곧 증상으로 나타난다. 이렇게 생각하면 인간은 참 괜찮은 존재라는 생각이 든다. 이상이 생겼을 때 증상으로 나타남으로써 이에 대처할 수 있기 때문이다.

이혼으로 마음의 상처를 입은 사람이든 그렇지 않은 사람이든, 안전한 환경에서 본래의 감정을 느끼며 살아가는 것이 건강하게 살기 위한 첫걸음이다.

많은 사람들이 그동안 '참고 자제하라'는 말만 끊임없이 들으며 '부정적인 감정을 갖는 것은 나쁘다'고 교육받아 왔다. 건강한 삶을 되찾으려면 지금까지 자신이 얼마나 '위험한' 환경 속에서 성장해 왔는지를 인식하는 일부터 시작해야 한다.

POINT

자신은 알아차리지 못해도
심신은 항상 무언가를 느끼고 있다.

'자존감'이란 무엇인가

 외상후 스트레스 장애를 앓는 사람들도 그렇지만 마음의 병을 가진 사람들은 대개 자존감이 낮다. 자존감이란 '있는 그대로의 자신을 받아드리고 존중하는 마음'을 말한다. 이는 건강하고 행복한 삶을 살기 위해 매우 중요한 요소다. '감정적'으로 되기 쉬운 것도 자존감의 높고 낮음과 관련이 깊다.

 '감정적'인 사람은 공격적으로 보일 수 있는 여지가 많기 때문에 '오히려 자존감이 높은 게 아닐까'라고 생각할지 모르지만 전혀 그렇지 않다.

자존감은 이를테면 '마음의 공기'와도 같은 것이다. 공기가 사라지면 괴로워지고 생명에도 위협이 되듯이, 자존감이 낮으면 마음이 괴로워지면서 살기 힘들어진다. 구체적인 형태로 눈에 보이는 것은 아니지만 자존감이 사라지면 아래와 같은 증상이 나타난다.

자신을 쓸모없는 존재라고 느끼거나 자기 인생이 살 가치가 없다고 느낀다. 자신은 다른 사람으로부터 사랑받고 존중받을 가치가 없다고 생각한다. 그리고 무엇보다도 자기 자신이 스스로를 소중히 여기지 않는다.

자존감이 어느 정도 갖춰져 있다면 어려운 일이 닥쳐도 '어떻게든 되겠지'라는 평온한 마음을 유지할 수 있다. 하지만 자존감이 낮을 때 우리는 자신의 단점을 찾기에 급급해진다. 이런 상황에서 마음의 안정을 찾기는 힘들 것이다.

POINT 자기 단점을 찾는 사람들이
'감정적'으로 되기 쉽다.

'지금 이대로도 충분하다'는 느낌이 있는가

자존감에 대해 조금 더 살펴 보자.

사실 우리는 모두 존중받아야 할 존재다.

'노력하지 않는 사람은 존중받을 자격이 없다', '성과를 내지 못하면 인정받을 수 없다'는 생각을 갖고 있는 사람들도 있을지 모른다. 하지만 사람들에게는 저마다 복잡한 상황들이 존재한다.

그런 상황들이 모여 '지금'의 내가 된 것이다. 무엇보다도 인간은 살아 숨 쉬는 존재다. 항상 휴식이 필요하고, 할 수 있는 일에도 한계가 있다. '더 분발해야겠다'고 마음먹는다고 해서 반드시 모든 일을 해낼 수 있는 것은 아니다.

'내일은 좀 더 잘해 보자. 하지만 지금까지도 잘해 왔고 지금 이대로도 충분하다.' 이렇게 지금의 자신을 인정하는 가운데 나아가는 것, 이것이 진짜 앞으로 나아가는 삶이라 할 수 있다.

'지금 이대로도 충분하다'란 느낌이 없다면 모래 위에 성을 쌓는 것처럼 토대가 부실해 결국 무너지고 말 것이다.

또한 무슨 일이 일어났을 때 냉정한 판단이 어려울 뿐만 아니라 무턱대고 총알부터 쏴 대는 '어긋난 방어' 상태가 될 수 있다. 이는 바퀴벌레를 무서워하는 사람이 그 비슷한 것만 봐도 살충제를 마구 뿌려 대는 것과 같다. 확실히 바퀴벌레가 있는지, 살충제를 뿌리는 게 가장 효과적인 방법인지, 주변 환경이 괜찮은지 생각할 여유가 없다. 무작정 '바퀴벌레는 정말 질색이야!'라고 호들갑을 떠는 것이다.

감정적으로 된다는 것도 이와 마찬가지다.

냉정하게 따져 보면 다른 효과적인 방법은 얼마든지 있을 것이다. 그런데 무턱대고 '내가 당했다', '왜 나한테만 알려 주지 않는 거지?'라는 피해의식을 바탕으로 화부터 내고 보는 것이다.

하지만 이런 생각은 어디까지나 본인 생각일 뿐이다.

상대방이 터뜨린 감정을 받아내야 하는 사람 입장에서는 상대방이 진짜 무엇을 원하는지 알 수 없을뿐더러 주변 분위기만 불편해질 수 있다.

정말 자신을 방어하고 싶다면 본래 감정에 솔직하면서 냉정해질 필요가 있다. 어떤 일에 화가 머리끝까지 난다면 일단 자기 앞에 닥친 문제를 인정하고 받아들인 뒤 누군가에게 도움을 요청하는 것이 좋다.

이처럼 '지금 이대로도 충분하다'라는 생각을 바탕으로한 자존감으로 눈앞의 일들을 해결하려고 한다면 '감정적'이 되지 않고 냉정하게 대처할 수 있는 날이 반드시 올 것이다.

POINT

'지금 이대로도 충분하다'라는
감각을 키우자.

문제의 근원에는
'역할 기대'의 어긋남이 있다

우선 예를 하나 살펴 보자.

> CASE
> 일 때문에 힘든 고충을 남편에게 말했는데 위로는커녕, '나야말로 힘들다'며 자기 푸념을 늘어놓는 걸 보고 순간 목이라도 조르고 싶은 심정이었다.

이와 같은 경우에 아내는 어떻게 생각하고 행동하면 좋을까.

이를 말하기에 앞서 '역할 기대'라는 개념에 대해 먼저 살펴 보자.

프롤로그에서 말했듯이 나는 대인관계요법이라는 정신요법을 전문으로 하고 있다. 대인관계요법은 주변의 인간관계와 심리적 문제가 서로 연관되어 있다는 개념을 바탕으로 행해지는 치료법인데, 여기에서 사용되는 것이 바로 '역할 기대'라는 개념이다.

이는 '누구에게 불만을 갖는 건 그 사람이 자기가 기대하는 대로 역할을 수행하고 있지 않기 때문'이라는 생각에 바탕을 두고 있다.

이 사례에서 아내는 남편에게 '내가 일 때문에 힘들다고 호소하면 위로해 준다'는 역할을 기대하고 있었지만, 현실 속 남편은 오히려 자기도 힘들다고 말하며 아내의 기대와 딴판으로 처신하고 있다. 이런 역할 기대를 둘러싸고 일어나는 어긋남에 대해서는 다양한 형태로 다루겠지만 일단 여기에서는 '애초에 아내가 품었던 기대가 남편에게 과연 현실적인 것이었나?'라는 문제부터 살펴 보자.

개인차는 있겠지만 많은 남성들은 상대방의 기분이 어떻고 지금 무엇을 원하는지 파악하는 데 서툴다. 전반적으로 여성들이 남성보다 상대방의 기분을 더 잘 파악한다. 상대방의 기분을 잘 이해하지 못하면 상대방이 자신에게 거는 기대 또한 말해 주지 않는 한 잘 모를 게 분명하다.

여기에서 남편에 대한 역할 기대를 '일 때문에 힘들어서 위로해 달라고 부탁하면 위로해 준다'로 바꿔 보면 어떨까?

그렇게 '부탁의 말'을 건네면 의외로 기대에 부응하는 남편들이 많다. 남편이 자기 푸념을 늘어놓기 시작하면 "잠깐만, 오늘은 내 고민 좀 들어 줬으면 좋겠어, 부탁이야"라고 말해 보는 것도 좋다. 남자들은 과제 달성형 인간들이 많아 직접적으로 "이것 좀 해 줄래?"라고 부탁하면 의외로 들어 주는 경우가 많다.

아내가 화를 낸 건 자기가 원하는 역할 기대에 남편이 따라주지 않아서다. 이것 또한 '예정의 어긋남에 의한 분노'라고 할 수 있다. 자신이 어떠한 '예정(기대)'을 가지고 있었는지를 잘 알면 현실적으로 자신이 받을 수 있는 스트레스를 줄일 수 있다.

이것이 바로 '감정을 활용한다'는 것이다.

수정된 역할 기대를 구체적으로 표현하자면, 남편에게 '일 때문에 힘드니까 위로해 달라고 부탁한다'가 된다.

POINT '역할 기대'가 어긋났을 때는
수정을 시도하자.

'날 이해하려고 하지 않아!'라는 생각이 타인과의 거리감을 만든다

　감정을 잘 활용하면 '감정적'이 되지 않을 수 있다고 했지만 사실 위 사례의 부부처럼 현실 속으로 들어가면 대개의 경우 '감정적'으로 되기 쉽다. 어째서 그런 걸까?
　그 이유는 남편이 자기 푸념을 늘어놓는 것을 보고 '내 일은 안중에도 없구나!', '나를 존중하고 있지 않아!'라는 생각에 사로잡히기 때문이다.
　이것은 앞서 말했던 '감정적 사고'에 해당한다. 남편의 푸념에 아내가 '감정적'으로 되어 버리면 남편은 반발할 것이 분명하고, 아내가 자신에게 뭘 바라는지도 결코 알지 못할 것이다.

최악의 경우 아내의 기분은 전혀 전달되지 않은 채 '갱년기인가' 하고 대수롭지 않게 넘겨 버릴지도 모를 일이다.

'감정적 사고'에 휘말리면 눈앞의 남편을 있는 그대로 받아들이지 못하고 '나를 이해해 주지 않고', '존중해 주지 않는' 남편이라는 생각에 빠져 계속해서 분노의 감정이 지속될 수 있다.

이러한 생각은 남편이 푸념을 그만둔 뒤에도 계속되어, 경우에 따라서는 '헤어지는 게 나을지도 몰라'라는 수준으로까지 치달을 수 있다.

이것이 '감정적'으로 되는 전형적인 흐름이다.
최초의 문제를 떠나서 자신의 생각이 '감정적'인 사고를 계속해서 낳는 것이다.

'감정적으로 흥분을 잘해서 말이 잘 통하지 않는다'는 말을 듣는다면 서로 대화를 나누려 해도 금세 '감정적 사고'에 휘말려 대화가 원활히 이루어지지 않을 것이다.

예를 들어 앞의 예에서 '푸념을 늘어놓는 남편에게 잠깐 기다려 달라고 말한 뒤 역할 기대를 바꿔 전달한다'는 해결책을 제시한 바 있지만, 이러한 해결책에 대해서 "뭐라고? 그렇게까지 말하지 않으면 알아먹지 못한다고?"라고 벌컥 화를 내는 사람도 분명 있을 것이다.

'남편은 도무지 나를 이해하려고 하지 않아!', '나를 존중하지 않아'라고 생각하는 사람들은 내가 여기서 제시한 해결책에 대해서도 "뭐야, 남편 편만 들고 있잖아. 너무해"라고 말하며 서운해할지 모르겠다.

이처럼 같은 문장을 읽어도 '그러네, 이렇게 하면 되겠네!'라고 긍정적으로 생각하는 사람이 있는가 하면, '뭐라고?'라며 발끈하는 사람들도 있다.

이러한 차이가 생기는 이유는 현실을 바라보는 사고의 프레임, 즉 세계를 바라보는 관점이 서로 다르기 때문이다.

POINT

'감정적 사고'의 틀로 보면
세계는 다르게 보인다.

감정을 활용한다는 것은 '긍정적 사고'와 다르다

 어떤 사고의 틀로 현실을 바라보는지에 따라 세계를 바라보고 느끼는 방식이 달라진다는 말은 결코 새로운 이야기가 아니다.
 예를 들어 이른바 '긍정적 사고'라 불리는 것이 있다. 이는 현실을 긍정적으로 바라보자는 것이다.

 하지만 이 책에서 이야기하고 있는 것은 '긍정적 사고'와는 다른 얘기다.

 왜냐하면 '긍정적 사고'에는 부정적인 자기감정을 '부

정한다'는 의미 또한 들어 있기 때문이다. '부정적인 감정은 좋지 않기 때문에 긍정적으로 바꿔야 한다'는 생각인 것이다.

하지만 이런 식으로 자기감정을 부정하기 시작하면 언젠간 탈이 나서 감정이 폭발하거나 기력이 소진돼 버릴 게 분명하다.

자연스러운 감정을 부정하는 일은 건강에도 몹시 해롭다. 뜨거운 물건을 만져 고통을 느끼면서도 "시원하고 기분 좋아"라고 말하는 것과 다를 바 없기 때문이다.

'감정적'으로 되지 않기 위한 첫걸음은 '자기의 부정적인 감정을 인정하고 받아들이는' 것이다.

앞의 예로 돌아가 보자.

남편이 아내가 기대하는 역할을 말 그대로 해 주지 못했기 때문에 아내는 괴로운 감정을 '분노'라는 형태로 드러내고 있다. 이때 이런 감정을 부정하지 않고 받아들이는 것이 무엇보다 중요하다.

물론 '내 얘기를 들으려고도 안 해!', '나를 존중하지 않아!'라는 '감정적 사고'가 더해지면 '감정적'으로 흐르기 쉽다.

하지만 여기에 '역할 기대'라는 개념을 도입하면 상황은 많이 달라질 수 있다.

'나는 과연 상대방에게 어떤 역할을 기대하고 있는가.'
'그러한 기대는 어느 정도나 전달되고 있나.'
이런 것들을 생각하면 다소 냉정을 되찾을 수 있다.

머리로 생각하는 것이 어렵다면 글로 써 보는 것도 좋다. 지금 자신이 느끼고 있는 기분을 밖으로 꺼내 보이면 상황에 좀 더 쉽게 대처할 수 있다.

'머릿속 생각을 밖으로 드러낸다'는 것은 진료실에서 의사에게 이야기하거나 신뢰할 만한 친구에게 털어놓음으로써도 가능하지만 스스로 종이에 써 보는 것도 꽤 효과적이다.

그래서 '일 때문에 힘든데 위로해 달라고 부탁하면 위로해 준다'로 역할 기대를 수정해 이를 남편에게 전달하면 어떤 일들이 벌어질까?

아내의 눈엔 전과 다른 남편의 모습이 들어오지 않을까?

아내의 기분을 살피려고 애쓰는 모습, 서툴면 서툰 대로 이야기를 들어 주려고 노력하는 모습 등을 보면서 결과적으로 '나를 이해하려고 하지 않아!', '나를 존중하지 않아!'라는 '감정적 사고'도 수정할 수 있을 것이다.

결국 '감정적 사고'는 현실 속 상대방과의 상호작용을 통해 수정할 수 있다.

처음에는 '뭐라고? 그렇게까지 말하지 않으면 알아먹지 못한다고?'라는 생각이 들어도 이러한 남편의 모습을 지켜봄으로써 '감정적 사고'는 누그러질 것이다.

POINT '감정적 사고'는 타인과의
         상호작용을 통해 수정할 수 있다.

말하고 싶은 것을
말하지 못하는 이유

'자신이 기대하는 역할을 상대방에게 전달하는 것이 중요하다는 것을 알면서도, 잘 안 된다'는 사람들이 많다. 왜 그런 걸까?

CASE
전부터 남편이 양말을 아무렇게나 벗어 놓는 게 싫었다. 별거 아닌 일로 잔소리 좀 그만하라는 남편 말에 계속 참았는데 갑자기 울컥해서 '적당히 좀 해!'라며 분노를 터트렸다.

계속 참고 있던 아내가 갑자기 감정을 터트린 이유는 뭘까?

남편은 벗어 놓은 양말에 대해 '별거 아닌 일로 잔소리 하지 않는다'라는 역할을 아내에게 요구하고 있다. 그리고 아내는 '양말 정도는 스스로 정리해야 한다'는 역할을 남편에게 줄곧 기대하고 있다. 하지만 남편은 기대한 대로 움직여 주지 않는 반면, 아내는 이를 계속 참으면서 남편이 원하는 역할을 다하려 하고 있다. 이러다 보니 스트레스가 점점 쌓였던 것이다.

돌연 발끈하게 되었을 때는 '계속 참아 왔다'는 생각이 더해져 '감정적'으로 격해졌을 것이다.

이처럼 상당히 격한 감정의 폭발은 '피해의식'과 관련된 경우가 많다.

'피해의식'이란 '나만 손해를 보고 있다', '나만 희생을 강요당하고 있다', '왜 항상 나만……'이라고 느끼는 상태를 말한다. 이 경우에서 아내의 '피해의식'은 결국 '자신이 존중받지 못하고 있다'는 느낌일 것이다.

그런데 아내가 갑자기 터뜨린 분노의 폭발에 남편도 깜짝 놀랐을 것이다. 지금까지 당연한 것으로 받아들여졌던 것이 순간 '감정적'으로 부정되었기 때문이다.

어른이면 양말 정도는 스스로 정리하는(적어도 세탁기에 넣는) 게 당연한데 이를 하지 않는 남편의 태도가 싫은 것도 무리는 아니다. 하지만 "양말을 세탁기에라도 넣어 줘"라는 말을 직접 하지 않는 한, 남편은 아내가 무엇을 원하는지 잘 모를 수 있다.

이때 아내의 대응책으로 두 가지를 생각할 수 있다.

대응책① 비난의 화법을 부탁의 어조로 바꾼다.

"별거 아닌 일로 잔소리 좀 하지 마"라는 남편의 말에서 아내가 "또 양말을 이렇게 벗어 놨어!"라고 잔소리한 정황을 알 수 있다.

남자들은 질책당하는 일에 매우 취약하다. 자신의 능력을 의심받는 일에 매우 민감하기 때문이다. 그래서 질책을 당하면 남자들은 금세 의기소침해지면서 공격적인 태도를 취하거나 화제 전반을 받아들이지 않으려 한다.

이때 '질책'에서 '부탁'으로 어조를 바꾸기만 해도 문제는 의외로 쉽게 해결될 수 있다.

아내의 화법에 문제가 있는 경우라면 단지 "부탁해"로 말을 바꾸는 것만으로 남편의 행동이 변하고 아내 또한 '감정적'으로 되는 일이 줄어들 수 있다.

아내 입장에서는 '양말 정도는 혼자 정리할 줄 알아야지, 굳이 내가 부탁까지 해야 하는 거야?'라는 생각이 들지도 모르지만, 사실 '내가 잘하고 있는 걸까' 신경 쓰며 노력하는 남편의 모습을 떠올려 보면 조금은 부드러워질 수 있지 않을까?

하지만 부탁의 어조로 말해 봐도 남편이 무시하는 경우가 있을 수 있다.

아내가 '부탁'을 하는데도 남편이 이를 무시하며 아내를 '별거 아닌 일로 잔소리를 늘어놓는 속 좁은 사람'이란 인상을 주게 되면 절대 건설적인 관계라고 볼 수 없다. 심한 경우 남편이 아내 위에 군림하는 상하 관계가 될 수도 있다.

이런 경우 '정말 형편없는 남편!'이란 생각을 하기 쉬운데 사실 아내의 낮은 자존감도 문제다.

대응책 ② 자신의 자존감에 초점을 맞춘다.

만약 아내에게 어느 정도 자존감이 갖춰져 있다면 "벗어 놓은 양말은 세탁기에 넣어 줘" 정도는 말할 수 있고, "별거 아닌 일로 잔소리 좀 하지 마"라는 말을 들으면 "별일도 아닌데 안 하니까 그렇지!"라는 식으로 응수를 할 수 있다.

그런데도 하고 싶은 말을 하지 못하고 계속 참아 왔다면 이는 자존감이 낮아 그런 것일 수 있다.

물론 자존감이 낮은 사람은 그 한마디가 매우 어렵게 느껴질지 모른다.

하지만 '부탁'이란 형식으로 전달을 했는데도 이를 받

아들이지 않는 남편이라면 남편과의 관계를 진지하게 재검토해 볼 필요가 있다. 남편과의 관계를 확인해 보기 위해서라도 용기를 내어 한마디 건네 보자. 실제 진료 상담 중에는 "그렇게 해도 우리 남편은 절대 듣지 않을 거예요"라고 말한 경우에도 실제로 말을 건네 보았더니 남편이 맥이 빠질 만큼 아무렇지도 않다는 듯이 "알았어"라고 답했다는 경우가 적지 않다. 말을 안 해서 그렇지 방법을 알려 주면 여자의 말에 순순히 따르는 남자들은 의외로 많다.

낮은 자존감은 '내 말에 아무도 귀 기울여 주지 않을 것이다'라는 색안경을 끼고 있는 것과 같다.

따라서 바로 벗을 수는 없더라도 자신이 그런 색안경을 끼고 있다는 것을 인식하고 이때다 싶을 때 용기를 내어 하고 싶은 말을 전하면 관계는 건전한 쪽으로 나아갈 수 있다. 인간관계는 만들어 가는 것이다.

언제나 말없이 벗어 던진 양말을 줍고 있다면 관계는 그렇게 고착된다. 상대방 입장에서 보면 말을 안 하는 이상 아무 문제도 없는 것으로 보일 테니 말이다.

하지만 만약 "부탁인데 세탁기에 양말 좀 넣어 줘"라고 부탁하고 "도와 줘서 정말 고마워!"라는 감사의 마음을 계속 전하다 보면 머지않아 남편이 세탁기를 자진해서 돌릴 가능성도 높아진다. '어떤 식으로 노력하면 칭찬을 받을 수 있을까' 하는 문제에 남자들은 매우 민감하다.

'감정적으로 되면 안 된다'고 생각하는 사람들은 감정적이란 말을 감정에 휘둘리는 것쯤으로 생각할지 모르지만 감정을 이런 식으로 받아들이면 얼마든지 좋은 방향으로 활용할 수 있다.

POINT

하고 싶은 말을 참지 않고
말할 수 있을 때 인간관계는 성장한다.

'불안'도 말로 표현하면
편안해진다

지금까지 '분노'에 대해 다루었는데, '불안'에 대해서도 살펴 보도록 하자.

> CASE
> 남자 친구는 내가 보낸 메시지에 답글을 항상 늦게 단다. 부담스러운 여자라는 인상을 주고 싶지 않지만 쓸쓸한 마음을 참을 수 없어 기어이 상대방을 탓하게 된다.

남자 친구를 탓하고 있지만 그녀의 본심은 외로움이다.

이때 남자 친구를 탓하기보다는 "○○씨, 답이 없으니 서운해요, 내가 많이 좋아하는 거 알죠?"라고 메시지를 보내 자신의 솔직한 마음을 전했다면 결과는 아주 달라졌을지 모른다.

남자들이 질책당하는 걸 무엇보다 싫어하는 만큼 '당신이 소중하다'는 메시지는 이들을 고무시키기에 충분하다.

위의 사례처럼 상대방을 나무라면 '내가 뭘 잘못했나. 왜 나를 이렇게 탓하지?'라고 생각할 것이 분명하다. 이는 '그랬구나. 내가 답이 늦어 서운했다고? 꽤 귀엽네'라고 느끼는 것과는 전혀 다르다. 이렇듯 상대방을 다그치기만 하면 남자 친구와의 미래는 낙관하기 어려울 것이다.

답장이 늦다고 탓하는 것은 사실 그와의 관계를 계속 지켜나가고 싶기 때문이다. 그와 좀 더 친밀한 관계를 맺고 싶어 채근하게 되는 건데 "자꾸 다그치는 여자는 싫다"며 결과적으로 헤어지게 되면 이것이야말로 '어긋난 방어'가 될 것이다.

이처럼 불안이 엄습해 오면 자신의 '감정적 사고'는 무엇인지 생각해 본다.

이때의 감정은 '외로움'이다. '감정적 사고'가 작동하면 '나를 사랑한다면 반가워서라도 바로 답장할 텐데 (왜 늦는 거지?)'라는 생각을 갖게 된다. 이런 색안경을 끼고 보면 그는 확실히 내게 '적절한 대응'을 하고 있지 않다.

하지만 이러한 '감정적 사고'는 과연 그와 공유할 수 있는 것일까?

왜 그가 답장을 늦게 하는지 생각해 보자.
원래 자기 페이스대로 사는 사람인 걸까. 스마트폰 확인을 자주 안 하나? 메시지를 '읽음'으로만 해 놓고도 애정 표현으로 충분하다고 생각하는 걸까? 이런 가늠조차 안 된다면 그가 나를 사랑하는지 여부를 알 수 없다.
메시지가 의미하는 바는 사람마다 다를 것이다. 그것이 애정 표현이라 말을 해 줘도 전혀 감이 오지 않는 사람도 있을 수 있다.

적어도 '날 사랑하고 있다면 메시지를 받고 기뻐서 바로 답장하고 싶을 텐데'라는 '감정적 사고'는 그와 전혀 공유될 수 있는 성질의 것이 아니다. 그는 나름대로 잘한다고 하는데 자꾸 질책당하면 그의 입장에서도 꽤나 난처할 것이다. 이로 인해 심한 경우 상처를 받을 수도 있다. 혹은 이런 여자와 앞으로 쭉 같이 살아야 하나 회의가 들지도 모른다.

애초에 이런 상황에서는 '역할 기대'를 조정해야 한다. '내가 보낸 메시지에 답장을 바로 해 준다'는 역할을 그에게 기대했는데 뜻대로 되지 않는 데서 오는 외로움이기 때문이다.

이 경우 상대방에게 기대할 수 있는 현실적인 역할은 무엇인지, 상대방과 같이 대화를 나누며 생각해 봐야 한다.

이때도 '외롭다'는 자기 기분과 '부담스러운 여자가 되고 싶지 않다'는 생각을 있는 그대로 남자 친구에게 전달하는 게 중요하다. 그래야만 그에게 무엇을 기대해도 되는지 같이 이야기해 볼 수 있기 때문이다.
 하지만 '그가 너무 무리한 것을 요구한다고 생각하면 어쩌지?'라는 걱정이 앞서 선뜻 말을 꺼내지 못하는 경우도 있을 수 있다. '그녀가 내게 무리한 요구를 하고 있다'고 그가 생각한다면 그녀에게 분명 상처가 될지 모른다.
 '역할 기대'라는 관점에서 보면 '무리하게 요구한다'는 그의 '비난'을 걱정할 필요는 없다. 메시지 답장이 바로 왔으면 좋겠다는 그녀의 '기대'가 있고, 이것이 다만 그에게는 현실성 없는 요구임을 뜻할 따름이다.
 이 책에서 '어긋난 방어'라는 단어를 계속 사용하고 있는 것도 그것이 '과잉 방어'와는 다르다는 것을 명확히 하고 싶었기 때문이다.
 반복해 말하지만 '무리한 요구'를 하는 것이 아니라 '자신이 요구하는 것이 상대방의 입장에서 볼 때 현실성이 없는 것'일 뿐이다. 그러니까 '무리한 요구일까?', 혹은 '내가 뭘 잘못했나?'처럼 자책할 필요는 없다.

POINT '자신에게는 당연한 일'이라도
　　　　말하지 않으면 상대방은
　　　　모를 수 있다.

'자존감'이 낮은 사람이
자주 하는 말

감정을 언어로 표현함으로써 '감정적 사고'를 공유할 수 있고 '역할 기대'의 어긋남을 수정할 수 있다고 했는데, 자존감이 낮은 사람은 자신의 생각을 말로 표현하는 데 서툴다.

> **CASE**
> "점심 어디서 먹을까?" 하고 남편이 묻기에 "어디든 괜찮아"라고 했다. 그런데 하필 내가 싫어하는 돈가스집에 가는 바람에 "나 배 안 고파. 그냥 집에 갈래!"라고 말하며 화를 냈다.

문자 그대로만 놓고 보면 '어디든 괜찮다면서 왜 화를 내는 거야?'라고 이상하게 생각하는 사람도 있을 것이다. 사실 이 사례에 등장하는 남편의 마음도 그랬을 것이다.

하지만 아내는 화를 내고 말았다.

이러한 어긋남은 '아내가 돈가스를 싫어하는 것을 남편이 잘 알고 있는가'라는 점이 포인트라 할 수 있다.

남편은 어디든 좋다는 아내의 말에 '오늘은 어디를 가도 괜찮겠지!'라는 마음으로 돈가스 집으로 향했을 것이다. 하지만 아내는 '같이 사는 사람이라면 내가 기름진 음식을 싫어한다는 것쯤은 알고 있어야 하는 거 아냐?'라고 생각하고 있다는 게 함정이다.

이런 종류의 '말하지 않아도 알지?'라는 타입의 커뮤니케이션은 자존감이 낮은 사람에게서 특히 많이 볼 수 있다.

"어디서 먹을까?"라는 말을 들었을 때 "이탈리아 식당 어때?", "돈가스 집만 아니면 돼"라는 말만 했어도 전혀 문제가 없었을 것이다. 하지만 낮은 자존감 때문에 "어디든 괜찮아"라고 말해 버리는 바람에 결과적으로는 마음에 들지 않으면서 '감정적'이 되어 버린 것이다.

"이탈리아 식당 어때?"라든지, "돈가스 집만 아니면 돼"라든지 어떤 식으로든 메시지를 명확히 전달했다면 남편은 그 범위 내에서 식당을 찾았을 게 분명하다. 남자들 가운데는 과제 달성형 인간이 많기 때문에 주어진 과제를 제대로 완수하려고 할 것이다.

설령 자존감이 낮아 자기가 원하는 걸 말하지 않은 채 돈가스 집에 갔다 해도 "내가 돈가스를 싫어하는 거 몰랐어?"라는 말이라도 했더라면 사정은 달라졌을 것이다.

그러면 남편은 "아, 그래? 그래도 오늘은 정말 어디든 괜찮은 줄 알았어"라고 말해 줄지 모른다.

그런 말 한마디 없이 다짜고짜 "나 배 안 고파. 그냥 집에 갈래!"라고 말해서는 남편에게 어떤 메시지도 전할 수 없다. 결국 남편이 해 줄 수 있는 건 아무것도 없을 테고 두 사람 사이에 냉랭한 기운만 감돌 것이다.

자신의 사정은 자기밖에 모른다.

3장에서 더욱 자세히 살펴 보겠지만 자기 사정을 전달하지 않은 상태에서는 '감정적으로 되지 않으면서 감정을 활용하기'란 불가능하다.

자존감이 낮으면 자기가 원하는 바를 상대방에게 전달하기 어렵다고 말했는데 의외로 용기를 내서 원하는 바를 말했더니 흔쾌히 "알았어!"라고 말해 주는 남편의 모습에 자존감이 높아지는 경우도 많다.

대인관계요법의 치료에서는 위와 같은 작업을 반복해 간다. 처음 한두 번의 '성공 체험'을 하기까지는 치료자의 도움이 필요할지 모르지만 자신을 있는 그대로 인정하고 받아들일 수 있는 사람이라면 치료자의 도움 없이 점차 스스로 과제를 달성해 갈 수 있다.

POINT "말하지 않아도 잘 알지?"라는
말로는 아무것도 전달할 수 없다.

part 3

서로의 영역을 알면
상처받을 일이 없다

서로의 영역 존중하기

상대방에게 '이렇게 해 주었으면 좋겠다'는 '역할 기대'의 어긋남이 '감정적'으로 되는 요인 중 하나라고 했지만, 애초 '역할 기대'란 상대방이 해 주었으면 하는 기대나 바람일 뿐이지 상대방이 그렇게 해 주지 않으면 안 되는 것이 아니다. 왜냐하면 사람들에게는 각자 자신의 '영역'이 있기 때문이다.

서로의 '영역'을 존중하는 일은 성숙한 어른의 관계에서 필수적인 요소다.

사실 '감정적'으로 대응하는 일 대부분이 '영역'에 대한 의식이 부재해 생긴 것이라고 봐도 무방하다.

이 장에서는 이러한 '영역'에 대해 말해 보고자 한다.

예를 들어 누군가가 자기 집을 쳐들어와 행패를 부리면 사람들은 '심각한 테러를 당했다', '험한 꼴을 당했다'고 생각할 것이다. 사실 우리는 이런 유형의 폭력을 일상적으로 당하고 있다. 물론 정신적인 의미에서 말이다.

CASE
"그런 것도 몰라?"라는 친구의 말에 흥분하고 말았다. 바로 감정을 터트린 나 자신이 싫다.

1장에서 소개했던 이 사례 또한 상대방이 자신의 영역을 침범한 경우라고 말할 수 있다. '이 정도는 알고 있어야 하는 거 아니야?'라는 상대방의 가치관을 억지로 강요하는 꼴이기 때문이다.

세상에는 다양한 분야의 지식이 존재하고 그 가운데

무엇을 어디까지 알아야 할지, 혹은 어떤 지식을 우선적으로 손에 넣을지는 개개인이 결정할 문제다. 물론 그 밖에도 각각의 사정이 있을 것이다.

따라서 '내가 현재 무엇을 알고 모르는지'에 대해 타인으로부터 이러쿵저러쿵 소릴 들을 이유는 전혀 없다.

이는 상대방의 영역을 침범한 경우로 볼 수 있다.

그러니까 여기에서 친구에게 화가 난 것은 당연한 일이다.

보통 이렇게 화가 날 때 "그렇게 말하면 기분 나쁘니까 그만해"라고 말할 수 있으면 해결될 문제이긴 하다. 하지만 그렇게 하지 못하기 때문에 '감정적'으로 돼 버리는 것이다.

그렇다면 왜 '영역' 침범에 대해 그만하라고 말하지 못하는 것일까? 이는 자신의 '부족함'을 지적한 것이기도 하고 몰랐던 것도 사실이니 정색하고 나서기가 좀 그렇기 때문이다.

하지만 화를 내는 것은 물론이고 참고 말하지 않으면 상대방을 오히려 피하게 될 수 있기 때문에 제때 바로 대처하는 것이 좋다.

이 예에서 처음의 분노는 '예기치 못한 충격'과 상대방의 '주관적 평가'에 의해 생긴 것이지만, 좀처럼 화가 진정되지 않는다면 자기 안에 '감정적 사고'는 없는지 의심해 볼 필요가 있다.

이 경우는 아마 '자신이 무시당했다'는 생각이 '감정적 사고'로 작용했을 가능성이 높다. '감정적 사고'가 계속해서 머릿속에 맴돌면 상대방에 대한 짜증뿐만 아니라 자신에 대한 짜증도 쌓이게 된다. 그리고 '자신도 미처 몰랐던 자기 모습'과 '그 자리에서 잘 대처하지 못한 자기 모습'이 겹치면서 한층 더 '감정적'으로 되어 버린다.

POINT 가치관의 강요는 상대방의 '영역'을 침범하는 것이다.

자신의 '영역'에 책임을 진다는 것

상대방이 자신의 '영역'을 침범해도 참아 버린다. 그리고 그렇게 화를 참음으로써 결국 '감정적'으로 된다. 이런 상황은 많은 사람이 겪어 봐서 잘 알 것이다. 인간에게는 한계가 있어서 계속 참다 보면 어느 날 폭발하게 돼 있다.

예를 들어 살펴 보자.

CASE
여행을 갈 때면 숙박 예약부터 시작해서 모든 걸 나에게 미루는 친구가 짜증나지만 일일이 말하는 것도 유치한 일이라 생각해 아무 말도 하지 않고 있었다. 그러던 어느 날 "여기에 가고 싶은데 숙박 좀 알아봐 줄래?"라는 친구의 말을 듣고 나서 별안간 "이제 너랑 같이 다니고 싶지 않아"라고 말하며 화를 내고 말았다. 친구는 주변에 "쟤, 머리가 어떻게 된 거 아냐?"라며 뒷 담화를 하고 다닌다고 한다.

지금까지 아무 말 없이 함께해온 친구가 "이제 너랑 같이 다니고 싶지 않아"라고 말하고 있다. 상대방의 입장에서 보면 굉장히 충격적인 일이 아닐 수 없다. 실제로 '머리가 어떻게 된 거 아냐?'라고 생각하는 것도 무리는 아닐 것이다.

사실 이것은 화를 참지 못하고 폭발한 본인이 자신의 영역에 책임을 지지 못한 사례다.

"전에도 전부 내가 다 했잖아. 이번에는 네가 좀 해"라고 말했다면 이렇게까지 감정이 폭발하지는 않았을 것이다.

이런 식으로 감정을 터뜨리는 것은 하나의 인간관계를 무너뜨릴 만큼 파괴적이다.

하지만 어느 쪽을 택해도 싫은 내색을 하는 것이라 될 수 있는 한 피하고 보려는 것이다.

하지만 '숙박 예약부터 시작해서 모든 걸 나에게 미루는 친구'에 대해 자신이 어떻게 생각하고 있는지는 자기 자신밖에 알지 못한다. 어디까지나 자기 '영역'에 대한 이야기이기 때문이다.

이처럼 자신의 생각을 명확히 전달해 두지 못했기 때문에 감정의 '최종적인 폭발'이 일어나는 것이다.

물론 '애초 내게 모든 걸 떠넘기다니, 폭발하게 만든 그 친구가 배려심이 없는 거 아냐? 나는 아무 잘못 없어'라고 생각하는 사람도 많을 것이다. 이런 생각은 '자기가 옳다'는 믿음에서 비롯한다. 그러나 4장에서 말하겠지만 '옳다'는 게 능사는 아니다.

사실 친구는 원래 짐을 챙기거나 방을 잡는 등의 여행 준비에 서툴 수도 있다.

여기서 또 주목해야 할 것은 '지금까지 자기가 모든 일을 해 왔다'는 부분이다.

일절 불만을 토로하지 않은 채 상대방의 말을 순순히 따라온 걸 보면 지금까지 상대방과의 관계를 그런 식으로 만들어온 자신의 책임도 있다. 친구에게 '여행 준비를 꼼꼼히 잘하는 친구'라는 인상을 주기 충분했기 때문이다.

여기서 '자기 기분은 자기밖에 알 수 없으니 상대방에게 제대로 전달해야 한다'고 하면 '일일이 말하는 건 어른스럽지 못하다'고 생각하는 사람도 있을 것이다.

이런 '어른스럽지 못하다'는 생각이 결국 참는 일로 이어진다. 언뜻 참는 쪽이 어른스러워 보일지 모르지만 실상은 전혀 그렇지 않다.

애초에 자기 '영역'에 책임을 지고 상대방의 '영역'을 존중하는 것이 진정 '어른스러운 관계'라고 할 수 있다.

자기 '영역'에 책임감을 갖고 자신이 느낀 감정을 제대로 전달하는 게 계속 참고 말을 안 하는 것보다 성숙한 '어른'의 태도다.

 이는 아무리 강조해도 지나치지 않을 만큼 중요한 이야기다.
 감정은 '그 상황이 자기라는 존재에 어떤 의미를 갖는가'를 가르쳐주는 것이라고 이야기한 바 있다. 따라서 아주 가벼운 감정이 아니라면 되도록 무시하지 않는 것이 자기 자신을 제대로 지키는 일이다.
 이 사례에서도 '뭐야, 또 내가 해야 해?'라고 치밀어 오르는 화를 그대로 방치하며 스스로 자기감정을 무시했기 때문에 감정적이 되고 만 것이다.
 괜찮을 것 같아 일을 맡겼는데 "더는 못 하겠어요!"라고 선언하며 갑자기 그만둬 버리는 사람들을 때때로 볼 수 있다. 사실 그런 일은 갑자기 일어났다기보다는 오래전부터 무시해온 작은 감정들이 쌓여 한순간 폭발한 거라고 볼 수 있다.
 사실 평소에도 힘들다고 생각했는데 치밀어 오르는 감정이나 불안을 억누르다 급기야 참을 수 없는 지경까지 다다르게 된 것이다.

결과적으로 일을 맡겨 준 사람에게도 큰 폐를 끼치게 된다.

애초 "이 일은 제가 감당하기엔 버거울 것 같다"고 자기 의사를 분명히 밝혔더라면 얼마든지 개선의 여지는 있었을 것이다. 이 밖에도 '귀띔이라도 해 줬으면 어떻게든 방안을 마련했을 텐데……' 싶은 장면은 얼마든지 떠올려 볼 수 있다.

결국 자기감정의 목소리에 귀를 기울이고 대처하면 누군가 도움을 줄 것이고, '감정적'으로 되는 일 없이 사태를 해결할 수 있다.

'자신의 영역에 책임을 진다'는 건 바로 이런 것이다.

POINT 자기감정을 참지 않고
　　　　'전달하는' 것이 진짜 어른이다.

타인에게 '영역'을
침범당하지 않으려면?

'영역'에 대해 좀 더 살펴 보자.

CASE
"넌 왜 이렇게 칠칠치 못하니?"라는 시어머니 말에 감정적으로 마음이 상해 "앞으로 저희 집에 오지 마세요!"라고 고함을 질러 버렸다.

이런 식으로 시어머니가 자신의 '영역'을 폭력적으로 침범해 오면 신경이 곤두서는 건 너무나도 당연한 일이다. 신경이 예민해지는 상황이 반복해서 쌓이다 보면 앞에서 말한 것처럼 참다가 폭발해 버리는 상황이 연출될 수 있다. 하지만 이렇게 노골적인 비난을 들으면 쌓이고 말 것도 없이 그 자리에서 바로 감정적으로 폭발할 수 있다.

노골적으로 말을 심하게 하는 사람들은 의외로 많다.

물론 그들은 자기가 상대방에게 폭력을 휘두르고 있다는 사실을 자각하지 못한다. 소위 '악의는 없다'는 말이다. 하지만 악의가 없다는 그 사실이야말로 비난을 당하는 사람이 느끼는 스트레스를 증폭시키는 요인이 된다.

그렇다고 상대방이 자기 '영역'을 침범했다고 일일이 '감정적'으로 대응하게 되면 '일상이 전투 모드인 사람'이 되고 말 것이다. 이는 사람들에게 '너무 감정적이라서 대하기 힘들다'는 인상만 심어 줄 뿐이다.

그렇다면 과연 어떻게 해야 감정적으로 대응하지 않고 문제를 해결할 수 있을까? 바로 '영역'의 개념을 확실히 확립하는 것이다.

확실히 상대방은 당신의 영역을 침범해 말하고 있다.

하지만 그 말은 대체 '어디'에서 이루어지고 있는 걸까?

상대방은 어디까지나 '자기 영역' 안에서 말하고 있을 뿐이다.

인간에겐 자유 의지란 것이 있기 때문에 시어머니가 본인 '영역'을 쳐들어와 무슨 말을 할지는 기본적으로 그 사람의 자유다.

결국 이 모든 사건 전체를 '자신이 당했다'(자기 '영역'을 침범해 비난했다)는 식으로 볼 게 아니라 '시어머니가 자기 자신의 영역 안에서 뭔가 투덜댔다'고 보는 편이 좋다. 어느 정도 훈련이 필요하겠지만 이런 관점으로 보기 시작하면 '적절한 방어'가 가능해진다.

이는 앞에서 말한 "그런 것도 몰라?" 같은 사례에 대해서도 같은 말을 할 수 있다. '자신이 무시당했다'가 아니라 친구가 자기 영역 안에서 투덜댄 것일 뿐이라고 생각하면 '이 친구는 다른 사람 입장은 생각하지도 않고 자기 입장에서만 말하네'라고 받아들이는 게 가능해진다.

POINT

잔소리를 어디까지나
'상대방의 영역' 안에서 일어나는 문제로
받아들인다.

악의가 없는 상대방에게
화가 날 때

또 다른 예를 한번 살펴 보자.

> **CASE**
>
> "너를 생각해서 하는 말인데……"라며 충고하는 친구가 왠지 용납이 안 된다. 친구 말이 틀린 것도 아니고, 악의적으로 한 말도 아닌데 화가 누그러지지 않는다. 나도 내 기분을 잘 모르겠다.

이 또한 상대방이 자기 '영역'을 침범해 생기는 불쾌감이다.

말하고 있는 내용이 틀린 것이 아니더라도 '너를 생각해서'라는 말 자체가 벌써 '영역'을 침범하고 있다.

왜냐하면 상대방은 '너를 생각해서'라고 말하고 있지만 무엇이 나에게 좋은지 아는 사람은 오직 나 자신뿐이기 때문이다.

이 경우엔 '자기 영역을 침범당해 불쾌하다'는 사실을 인식하는 것만으로도 어느 정도 마음이 정리될 수 있다. 이때 "너를 생각해서란 말은 듣기에 좀 거슬리니까 안 하면 안 돼?"라고 말함으로써 현실적으로 바로 해결을 도모해도 좋고, 아니면 상대방이 어디까지나 상대방의 '영역' 안에서 말하는 것에 지나지 않으니 자신과 하등 관계가 없는 일이라고 생각하며 가볍게 흘려들을 수도 있다. 그런데도 '너를 생각해서'라는 표현을 주저하지 않고 계속 쓴다면 그 사람과 거리를 두는 편이 좋다.

이 사례에서 주목해야 할 점은 상대방이 '나의 기분을 알 수 없다'는 부분이다.

상대방이 자기 영역을 침범해 들어와 계속 듣기 싫은 소리를 늘어놓고 있다. 이는 확실히 불쾌한 상황이다. 그럼에도 '너를 생각해서'란 말을 들은 사람의 입장에서는 상대방이 나를 생각해서 해 주는 말이니까 여기에 반발하면 안 된다는 생각이 작동하게 된다.

'~해야 한다'는 의무감 때문에 솔직한 자기감정을 드러내지 못하는 상황이라고 할 수 있다. 하지만 확실히 '자기감정을 소중히 하는 것'이 중요하다.

현재 화가 가라앉지 않은 상태가 좋다는 뜻은 아니다.
왜냐하면 이러한 화는 '이런 말을 들으면 고맙게 받아들여야 한다'는 의무감에 의해 생겨난 것이기 때문이다. 소중히 여겨야 할 것은 '자신의 영역을 침범당해 불쾌하다'는 최초의 감정이다.
하지만 '자기감정을 소중히 여기다 보면, 타인의 충고는 안중에도 없는 사람이 되지 않을까' 걱정하는 사람도 있을 수 있다. 이런 생각 때문에 일상적으로 벌어지는

'영역 침범'에 많은 사람들이 대체로 둔감하다.

인간은 나날이 발전하는 존재이지만 그 과정은 다 제각각이다. 각자의 페이스로, 적절한 때, 운 좋게도 자기에게 딱 맞는 것을 배우면서 사람은 앞으로 나아간다.

이는 책 제목이 마음에 들어 사 봤는데 마침 내게 꼭 필요한 내용의 책이었다고 하는 것과 같다(여러분도 나의 책이 3년간 책장에 방치된 채 있다가 어느 날 눈에 띄어 읽었는데 그때 마침 필요한 내용이 들어 있었던 경험담이 있다면 알려 주기 바란다). 어떠한 정보를 언제 어디서 얻을 수 있을지 그리고 그 정보가 자신에게 얼마나 유익할지 여부는 자기밖에 알 수 없다.

그 정보가 자신에게 도움이 되는지 여부는 그것에 '자기를 부정하는 요소'가 있는지 여부를 기준으로 판단할 수 있다.

POINT 상대방의 영역 침범에 주의를 기울이자.

충고는 왜
폭력이 되는 걸까?

언뜻 보기에 좋은 정보 같아 보여도 '자신을 부정하는 요소'가 있다면 그 정보는 도움이 되는 정보라 할 수 없다. 그 대표적인 경우가 바로 '충고'다. 충고라는 것은 기본적으로 상대방의 현 상황을 부정하는 데서 성립한다.

"이런 식으로 해 보는 게 어때?" 혹은 "이 부분이 별로인데 이렇게 고쳐보지그래?"라는 식으로 말이다.

자기 상황이 받아들여지지 않고 부정당한다면 누구라도 상처를 받을 것이다. 설령 상대방의 말이 옳다고 하더라도 충고를 들은 입장에서 불쾌해지는 것은 지극히 당연하다.

물론 도움이 될 수도 있다. 가장 좋은 조언은 상대방의 입장을 잘 헤아려 '지금 이대로도 괜찮은데'라고 인정하는 한에서 "그렇게 하고 싶다면, 여길 조금 바꿔 보는 건 어떨까?"라고 제안하는 것이다. 나는 직업이 의사라 환자들에게 전문적 조언을 많이 하는 입장이다.

"아, 그렇네요. 그렇게 하면 가능할 것도 같아요"라며 긍정적으로 받아들이는 사람이 대부분이지만 그렇지 않은 사람들도 있다. 이럴 때 조바심을 내는 치료자들이 많은데, 이는 어디까지나 치료자의 책임이다. 전문적인 조언이란 상대방의 상황을 이해하고 긍정하는 가운데 "이런 것도 있는데 한번 해 보면 어떨까요?"라고 현실적으로 가능한 범위 안에서 제안을 해 보는 것이다.

그렇다면 충고를 듣는 입장에서 '자기 부정의 요소가 포함된 충고'와 '그렇지 않은 조언'을 어떻게 구분할 수 있을까?

처음부터 "~해보면 어때?"라는 말을 들었을 때 기분

이 언짢았다면 그 말에는 자신을 부정하는 요소가 포함되어 있을 가능성이 높다. 물론 불쾌한 충고 가운데에도 새겨들을 만한 말이 있을지 모른다. 하지만 매번 자신을 부정해야만 새로운 걸 배울 수 있는 것은 아니다. 자신을 좀 더 소중히 하는 학습법이나 성장법은 얼마든지 있다. 충고를 밥 먹듯이 하는 사람은 전반적으로 이러한 의식이 희박하고 정확하게 콕 집어 얘기하는 것이 그 사람을 생각해서라고 믿는 경향이 있다.

그들의 태도를 바꾸기는 어렵다. 또한 그들의 말이 상처를 주는 것도 분명한 사실이다. 그래서 될 수 있는 한 이런 사람들은 피하며 살아가는 게 상책이다.

예를 들어, 무심코 전기를 켜 놓았을 때 "사용하지 않을 땐 스위치를 꺼야지. 당신 말이야, 환경을 전혀 생각하지 않는군"이라는 충고를 들었다고 해 보자. 이럴 때 '나를 잘 알지도 못하는 주제에 왠 간섭이야'라며 '감정적 사고'로 흐르기 쉽다. 그 마음을 모르는 바는 아니다. 하지만 그렇게 하면 '어긋난 방어'가 되어 버린다. 서로가 '감정적'으로 되어 이야기의 본질조차 흐리게 될지 모른다.

그렇다면 이럴 때 자신을 적절하게 지키려면 어떻게 해야 할까? 상대방의 말을 되받아치는 것을 우선 생각해 볼 수 있고, 사소한 오해가 있는 거라면 '사실은 이러이러합니다'라고 상황을 설명함으로써 상대방을 설득할 수 있을 것이다. 하지만 상대에 따라서는 이를 변명으로 받아들여 오히려 공격을 해올 수도 있다. 이때 자신을 제대로 지킬 수 있는 방법으로 역시 '영역'을 생각할 수 있다.

타인이 내린 평가는 언뜻 자기 영역을 침범한 것처럼 보이지만, 어디까지나 상대방의 영역 안에서 내린 평가에 불과하다. 그러니까 애초에 '영역 침범 자체가 일어날 수 없다'는 생각을 갖는 것이다. 이것은 참는 것과는 전혀 다르다. 참는다는 것은 피해를 당해도 모른 척 방관하는 것으로 마음속에 부정적인 에너지만 쌓일 뿐이다.

한편 '상대방의 영역 안에서 내린 평가'에 불과하다는 입장은 상대방이 애초 내게 피해를 줄 수 없다고 보는 것이다.

'이 정도 말은 참을 수 있어'가 아니라 '상대방이 자기 영역에서 제멋대로 생각하고 있으니 그냥 무시하자'고 생각하면 기분전환도 되고 다른 일을 도모할 수도 있을 것이다.

POINT

충고는 상대방이
제멋대로 하는 말로 생각한다.

그래도 충고를 하고 싶다면?

다른 사람들의 충고는 '상대방이 제멋대로 내린 판단에 불과하다'고 흘려들으면서 반대로 자신의 성에 안 차는 사람이라도 보이면 발끈해서 쓸데없는 충고를 일삼는 사람들이 있다. 이러한 패턴을 가진 사람들은 의외로 많다.

아래의 예를 살펴 보자.

CASE

부하직원을 키우고 싶은 마음에 "자네 지금 여기가 무슨 학교인 줄 알아? 아직도 학생티를 벗지 못하고 말이야",

"도대체 사회인이라는 자각이 있긴 한 거야?"라고 주의를 줬을 뿐인데 '갑질한다'는 말을 들었다.

'직장 내 괴롭힘'이란 직권을 이용한 정신적인 폭력을 말한다. 이런 괴롭힘은 상대방의 잘못을 발견하고 폄하함으로써 자신이 옳다는 사실을 증명해 자기만족을 얻으려는 태도에서 비롯한다.

사회에서는 책임이 따르고, 교육적 차원의 주의는 확실히 필요해 보인다. 하지만 이 사례에는 큰 문제가 있다.

그것은 행동과 인격을 구분하지 못하고 있다는 점이다.

주의를 줄 때의 철칙은 행동과 인격을 구별하는 것이다.

이 예에서는 '부하직원=학생티', '부하직원=사회인이라는 자각이 없다'고 상대방의 인격 자체를 문제 삼고 있다.

"이런 행동은 이렇게 바꾸는 편이 좋아"가 아니라 "자네라는 인간은 말이야", "자네는 애당초"와 같은 화법을 쓰는 시점에 행동만이 아니라, 상대방의 인격을 부정하면서 폭력적이 된다. 일하는 내내 이러한 언사를 계속한다면 폭력이라 봐도 무방하다.

상대방의 행동에 대해 냉정하게 주의를 줄 수 없을 땐 상사 입장에서도 '감정적'이 되는 경우가 많다.

이럴 때를 위해 간단한 훈련법을 하나 소개하려 한다.

트레이닝 ① 상대방의 인격과 행동을 구별한다.

이것은 앞에서 말한 것처럼 인격을 부정하지 않는다는 의미에서 중요하다. 애초 인격과 행동은 구분해야 하는 것으로서 짚고 넘어가고 싶다.

상사가 '감정적'으로 부하직원을 꾸짖을 때는 대개 부하직원의 인격까지 침범하는 경우가 많다. 하지만 상사가 아닌 그 누구라도 타인의 인격을 자신이 원하는 대로 바꿀 수는 없다. 잘해야 행동 하나쯤 고칠 수 있을까. 그러니 '상대방의 단점을 고치고 싶은데 잘 안 된다'며 현실적이지 않은 불만을 품은 채 '감정적'이 되는 것이다.

상대방이 한 일은 '업무상 실수'에 불과하다. 때문에 '실수를 하면 안 된다', '실수를 하면 이런 식으로 피해를 입을 수 있으니 신경을 써야 한다' 이상의 말을 해서는 안 된다는 것을 명심하자.

트레이닝 ② 마음을 전할 때의 주어를 '나'로 한다.

주어를 '나'로 해서 이야기하는 것도 훈련이 된다.

'당신'을 주어로 하면 인격을 부정하는 정도까지는 아니어도 상대방의 인격을 도마 위에 올리는 일이 되어 결국 상대방을 비난하게 될 가능성이 커진다.

주어를 '나'로 한다는 것은 '나는 이런 실수를 하니까 이런 애로사항이 있더라'라고 말하는 식이 되어 갑질이라기보다는 상황을 차근차근 설명하는 방식이 된다.

또한 앞에서 말했듯이 '역할 기대'라는 개념을 이용해

내가 상대방에게 무엇을 기대하고 있는지를 전할 수 있다. "나는 여기서 이런 실수를 하지 않으려고 주의했어"라는 말을 전하면 실수를 방지하는 데도 도움이 된다.

일반적으로 인신공격을 당한 사람은 가슴앓이를 심하게 하거나 일에 대한 자신감이 사라지면서 위축되기 쉽다. 그런 만큼 서로에게 보탬이 되기 위해서라도 여기에 설명한 두 가지 방법을 써 보기 바란다. 그러면 당신도 분명 좋은 상사가 될 수 있다.

위 사례도 결국 '영역'에 관한 이야기다.

"자네 말이야", "당신 정말" 등 상대방의 영역을 침범해 공격적으로 비난을 하기보다 "상사로서 난 이렇게 했으면 좋겠는데…… 잘 모르겠으면 언제든지 물어 보도록 해"라고 어디까지나 자신의 '영역' 안에서 말을 전한다면 가장 안전하면서도 효과적인 커뮤니케이션이 될 것이다.

또 "자네 말이야" 외에, 인신공격으로 이어지기 쉬운 말로 "어째서"가 있다.

CASE

"어째서 자네는 늘 이렇게 회사에 늦는 거지?"라고 될 수 있는 한 부드럽게 말하려고 했는데 결국 격앙되고 말았다. 지각이 얼마나 신경에 거슬리는 일인지 그에게 알리려면 어떻게 해야 할까?

이런 화법이 지닌 문제 역시 '어째서 자네는'이라는 부분에 있다.

지각하는 데에는 분명 이유가 있을 것이다. 돌봐야 할 가족이 있다든지, 혹은 다른 시간을 지키기 어려운 상황이 있다든지, 이유는 다양할 것이다.

물론 단순히 '학생 기분'으로 지각을 할 수도 있다. 어쨌든 자신이 무엇 때문에 신경이 쓰이는지 전달하고 상대방의 어긋난 방어를 막으려면 '지각은 이제 그만하라'는 메시지만 전달하는 게 좋다.

'어째서'라는 말은 그 자체가 상대방을 비난하는 뉘앙스를 지니고 있기 때문에 주의가 필요하다. '어째서'란 단어는 "어째서 그걸 못하는 거지?"라고 사람을 비난하는 상황에서 쓰이기 쉽기 때문이다.

"더 이상 지각을 안 했으면 좋겠는데, 뭔가 사정이 있는 거라면 들어 줄게"라는 자세로 말하면 적어도 쓸데없이 열 받는 상황은 피할 수 있다.

POINT

"자네 말이야"가 아니라
"나는"으로 주어를 바꾸어 말해 보자.

'나의 옳음'과 '타인의 옳음'은 다르다

인격공격을 일삼는 사람들은 대체로 다음과 같은 특징을 가지고 있다.

① 행동과 인격을 분리해 생각하지 않는다.
② "나는"이 아니라 "너는"이라는 말로 시작한다.

지금까지는 이 두 가지에 대해서만 이야기했지만 사실 한 가지가 더 있다.

③ 자신에게 옳은 것은 타인에게도 옳다고 생각한다.

예를 들어 살펴 보자.

CASE

"마흔이 넘었는데 아직도 미혼이라면 어딘가 성격에 문제가 있는 게 분명해"라는 말을 결혼한 친구로부터 듣고 감정이 상해 인연을 끊어 버렸다.

여기서는 '감정적'으로 되어 버린 쪽이 아니라, 그렇게 말한 친구 쪽에 문제가 있다.

1장에서 말한 것처럼 이런 주관적인 평가(40대의 미혼자는 성격에 문제가 있다)를 '지금 자신이 내린 주관적 평가'로 인식할 수 있으면 문제될 게 없다. 어디까지나 '자신의 생각'이라면 괜찮은 것이다.

그런데 앞의 예와 같이 그것이 절대 진리인 양 상대방에게 말해 버리면 상대방의 영역을 침범해 폭력을 휘두르는 것이 된다. 원래 '비난'에는 폭력성이 깃들어 있다. 특히 상대를 폄하하는 뉘앙스로 말한다면 당연히 이에 '감정적'으로 반응할 것이다.

인연을 끊었대도 어쩔 수 없는 일이라고 생각한다. 뭔가 응수를 하려고 한다면 "너, 지금 얼마나 폭력적인 말을 하는지 알고나 하는 말이야?" 정도가 될 것이다.

이 말에 순간 흠칫하는 친구라도 되면 친구 관계를 지속할 수 있을지도 모르지만, 전혀 통하지 않을 것 같은 상대라면 거리를 두는 것이 옳은 대처법이라고 생각한다.

이처럼 '옳음'을 다루는 방법 또한 '감정적으로 되지 않기' 위한 열쇠가 된다. 이에 대해서는 다음 장에서 좀 더 상세히 살펴 보도록 하겠다.

POINT

비난을 일삼는 상대와는
거리를 두자.

part 4

'옳음의 줄다리기'에서 손 떼기

'내가 옳다'고 주장하는 것이
왜 사람을 무력하게 만드는 걸까?

앞장에서도 말했지만, '감정적'이라는 말을 할 때 빼놓을 수 없는 부분이 '자신은 옳다'는 생각이다.

많은 사람이 자신이 옳다는 사실을 주장하기 위해 '감정적'이 되기 때문이다.

예를 들어, 부하직원이 일을 하지 않고 퇴근해 버린 것은 자기가 볼 때 '옳지 않은' 일이다. 그것이 정당한지 아닌지는 차치하고 '자신이 옳다는 것을 증명'해 보이려는 바로 그 마음 때문에 '감정적'으로 되어 버리고 마는 것이다.

주변 사람들이 여기에 동조해 주면서 "당신 말이 옳아. 그러니까 침착해"라고 말해 주면 '감정적'인 흥분도 금세 가라앉을지 모른다. 하지만 실제 그런 경우는 흔치 않다. '감정적'인 상태가 되면 대개 주변 사람들은 피하기 마련이다.

그리고 '내 말이 옳다는 걸 증명하고 싶은데 다들 진지하게 들어 주지 않는다!'는 생각이 들면 방어기제가 작동해 한층 더 '감정적'이 되어 버린다.

결국 '감정적'으로 된다는 것은 자신의 '옳음'을 둘러싼 '어긋난 방어'라 볼 수 있다.

하지만 '어긋난 방어'는 문자 그대로 '어긋나' 있기 때문에 결과적으로 자신이 옳다고 믿는 걸 인정받기가 어렵다.

자기 말이 옳다고 '어긋난 방어'를 계속 반복하다 보면 사태만 점점 악화될 것이다. 상대방과의 관계도 악화될

뿐더러, 무엇보다 스스로 무력한 존재가 될 것이다.

확실히 '감정적'으로 대응하면서 자신이 옳다는 걸 증명해보이려 할 때 이를 일부 받아 주는 사람은 있을 수 있다. '감정적'인 사람과 대치하는 게 피곤해 "예, 예, 잘 알겠습니다"라고 마지못해 응하거나 상대가 '감정적'으로 나오는 게 두려워 우선 따르고 보는 경우가 그렇다.

하지만 진심으로 이를 인정하고 받아들이는 경우는 극히 드물다.

'감정적'으로 되면 될수록 사람들의 공감을 얻기는 더욱 힘들어진다. 그리고 공감을 얻을 수 없으니 고독해질 것이다.

결국 '어긋난 방어'를 하면 할수록 인간은 고독해지고 무력해질 뿐이다. 공감을 얻지 못하는 걸로 끝나지 않고 되레 반격을 당할 수도 있다. 반격을 당하면 당할수록 한층 더 자신이 나약하고 작은 존재로 여겨질 것이다.

사람들은 이런 불안감을 해소하기 위해 더욱 '어긋난

방어'를 할 테고 그럴수록 감정적이 되고 말 것이다. 이런 악순환은 어디서나 흔히 볼 수 있다.

'감정적'으로 되는 이유 중 하나인, '나를 무시하는 건가?' '날 존중하지 않는 거 아니야?' 등의 '감정적 사고'는 자신이 존중받아야 할 존재인지 아닌지, 즉 자신의 존재 가치를 타인에게 내맡기는 것이다. 이는 매우 불안하면서도 나약한 태도다. 모든 것을 상대방의 기준에 맞춰 생각하게 되기 때문이다. 자신의 가치가 상대방의 기분이나 평가에 의해 결정된다면 이에 기댄 삶은 매우 불안정하고 자유롭지 못한 것이 될 것이다.

POINT 자신의 '옳음'에 집착하면 할수록
더욱 고독해진다.

'감정적'이 되는 이유는
'옳음'에 집착하기 때문이다

'감정적'이 될 때 자신의 모습이 어떤지 한번 생각해 보자.

일단 당신은 무언가를 호소하려고 할 것이다. '무언가'가 명확하지 않을 때도 많지만 자기가 호소하고 싶은 것은 어디까지나 '내가 옳다'는 사실이다.

'내 말이 맞는데 어째서 다들 알아 주지 않는 거지?'라는 억울함에 '감정적'으로 되는 것이다.

반복해서 말하지만 '감정적'이 되는 이유는 '옳음'에 집착하기 때문이다.

'감정적'인 언쟁은 대개 어느 쪽이 옳고 그른지를 가리기 위해 벌어진다.

사실 '옳음'을 주장하는 일은 폭력적으로 흐를 수 있다. 사람들이 생각하는 '옳음'은 저마다 다르기 때문이다.

예를 들어, 자주 듣게 되는 '옳은 일' 중의 하나로 '부모님에게 효도해야 한다'라는 말이 있다. 하지만 부모에게 심한 학대를 받으며 자란 사람에게 이런 말을 하는 것은 사실상 그에게 2차 학대를 가하는 것이나 다름없다.

또한 자신의 종교적 신념을 내세우며 코로나 방역 수칙을 지키지 않아 집단 감염을 초래한 일부 교회들도 옳고 그름의 폭력성을 잘 보여 준다. 자신이 옳다고 믿는 종교적 신념이 결과적으로 많은 사람들의 목숨을 위협하는 상황을 초래했기 때문이다.

뿐만 아니라 세계 각지에서 가슴 아픈 전쟁이 오늘날까지도 계속되고 있는데, 전쟁이야말로 자기가 옳다는 걸 증명하기 위해 싸우는 행위라 할 수 있다.

여기에서 뭔가 이득을 얻는 사람이 있다면 무기상과 그 관계자 정도다. 패전국의 고통이나 많은 희생자들은 물론이고 승패에 관계없이 참전 용사들의 외상후 스트레스 장애는 날로 심각해져 큰 문제가 되고 있다.

'감정적으로 되지 않기 위한 방법'을 소개하는 이 책의 주제와는 조금 벗어나지만, 세상에 전쟁이란 것이 사라지기 위해서라도 자신의 '어긋난 방어'는 그만 두어야 한다.

'다양한 옳음'이 공존할 수 있다면 전쟁이라는 비극적인 사태도 훨씬 줄어들 것이다.

세상 사람들이 가진 사정은 정말 제각각이고, 그처럼 제각각인 사정을 고려하면 '옳음'도 제각각임을 인정하지 않을 수 없다.

설령 '옳음'의 기준이 같다 하더라도 그 기준대로 실천이 가능한 사람이 있는가 하면 그렇지 않은 사람도 있다.

이럴 때는 '노력했는데 잘 안 됐다"라고 말하면 그만이다.

이를 위해서는 잘 안 된 경우도 관용적으로 받아들이는 분위기가 필요하다. 사람이면 누구나 공격을 당하면 방어를 하게 마련이다. "당신 뭔가 잘못됐어"라는 말을 들었을 때 처음 보이는 반응이 저항과 방어인 것은 너무도 당연한 일이다.

POINT '옳다'고 믿는 일을 실천하지 못하는 사람들에 대한 관용도 필요하다.

자신의 '옳음'을
타인에게 인정받고 싶은 이유

다시 '옳음'에 대해 살펴 보자.

'옳음'이 사람마다 각각 다르다면 사람들은 왜 다른 사람으로부터 자신의 '옳음'을 인정받고 싶은 것일까? 이는 자존감과 관련되어 있다.

여기에서 하나 말할 수 있는 것은 '감정적'일 때는 자기를 존중하는 자존감이 떨어져 있다는 것이다.

있는 그대로의 자신을 받아들이는 것이 힘들기 때문에 '자기 말이 옳다는 걸 상대방에게 증명해' 보이는 형태로 타인으로부터 인정받고 싶은 것이다.

그렇다면 '있는 그대로의 자신을 인정한다'는 것은 무슨 뜻일까?

인간은 각자 다양한 상황 속에서 하루하루 노력하는 존재다. 노력하지 않는 것처럼 보이는 사람조차 알고 보면 자기 나름대로 애쓰며 살고 있음을 알 수 있다.

가령 자격증 시험을 계속 미루며 집에 콕 박혀 있는 사람이 있다고 해 보자. '그냥 시험을 보면 될 텐데, 게으르다'고 생각할 수도 있지만, 사실 공부를 너무 열심히 한 나머지 번아웃 상태가 되었거나 극심한 스트레스로 인한 공황장애로 순간 그 자리에서 얼어 버려 그런 것일 수 있다. 그런데도 '더 열심히 하지 않으면 안 된다'고 자신을 자책하고 때로는 악에 받쳐 목숨이라도 끊을 각오로 그렇게 다들 치열하게 살고 있다. 이런 생각을 하면 사실 '자신의 옳음'을 타인에게 인정받아야 할 필요는 전혀 없다.

POINT   타인에게 인정받으려 애쓰지 마라.

'옳다'는 생각보다
'진짜' 기분에 주목한다

지금까지 '옳음'에 내포된 '폭력성'을 살펴 봤다. 하지만 그래도 '옳음'이란 잣대를 포기하는 데 많은 사람들이 저항감을 느낄 것이다. 많든 적든 우리는 모두 '옳고 그름'에 매여 살고 있기 때문이다.

여기서 '옳음rightness'을 대신할 가치를 제안해 보려 한다.
그것은 바로 '진정성authenticity'이다.

영어에서 'authenticity(오센티시티)'란 말은 물건의 진위를 가릴 때 쓰는 단어이지만 사람의 마음에 대해서도 똑같이 사용할 수 있다.

'옳음'의 기준은 사람마다 다양하다.
하지만 '진짜' 기분은 그 사람에게 단 하나로밖에 존재하지 않는다.

이를 깨닫게 되면 다른 사람과 부딪히지 않고 '내 기분이 지금 이렇다'라고 말할 수 있다.

지금까지 살펴 본 것처럼 자신에 대한 평가를 타인에게 위임하면 '감정적'이 되기 쉽지만 '지금 내 기분이 솔직히 이렇다는 거니까 상관없어'라고 생각하면 자존감을 회복할 수 있다. 사실 이는 매우 커다란 분기점이다.

자신의 기분과는 상관없이 '옳고 그름'에 집착하게 되면 타인에게 평가를 맡기게 되면서 사소한 일에 일희일비하며 상처를 받을 수 있다. 하지만 '진짜' 자기 기분에 초점을 맞추고 자신이 솔직하게 느끼는 한, 타인의 평가에 흔들리는 일은 없을 것이다.

사실 자기계발서를 통해 뭔가 배우고자 하면서도 내용에 내심 동의하지 못해 힘들어하는 사람들이 이런 '진정성' 문제를 안고 있다고 생각한다.

'책의 내용이 마음으로 납득할 수는 없지만 성공한 사람이 한 말이니 일단 새겨듣지 않으면 안 된다'는 생각이 들기 때문이다. 이는 마치 사이즈가 맞지 않는 신발을 억지로 신으려는 것처럼 자신의 '솔직한' 기분과는 아무런 접점이 없다.

그럴 때는 이렇게 생각하기 바란다.

진짜 보석과 마찬가지로 우리는 모두 '진짜' 살아 숨 쉬는 존재라고.

POINT

'자신의 기분'에 초점을 맞추면
타인의 평가에 휘둘리지 않게 된다.

서로의 '옳음'이 다를 때
대처하는 법

'옳음'의 기준은 사람마다 다르다고 여러 차례 이야기했다. 그렇다면 실제로 자신과는 다른 '옳음'의 기준을 가진 사람을 만나게 되면 어떻게 해야 할까? 아래의 예를 살펴 보자.

> CASE
>
> 40대 연구직 여성이다. 휴일에도 집에서 연구 자료를 읽는 일이 많다 보니 결국 가사 일은 뒷전으로 밀리고 만다. 이때 전업주부인 시어머니로부터 전화가 걸려와 "오늘은 회사 안 가지?"라며 일을 시키는데 짜증이 나서 "할 일이

태산이에요!"라고 '감정적'으로 대하고 말았다. 남편은 나를 존중해 주며 일도 응원하겠다고 말해 주고 있지만…….

이 사례에서 과연 누가 '옳은' 것인지 살펴 보자.

시간적인 여유가 없어 집안 일을 하기 힘들다는 점, 게다가 남편으로부터 응원까지 받고 있다는 점을 고려하면 며느리인 당사자는 잘못한 것이 없어 보인다.

하지만 시어머니 편에서 보면 어떨까?

월급쟁이의 아내로만 살아온 시어머니에게 아내란 모름지기 휴일에 남편의 피로를 풀어 주며 내조에 최선을 다해야 하는 존재다. 결국 시어머니의 입장에서 볼 때 '옳음'이란 바로 이런 것이다. 휴일에 일을 얼마나 했느냐에 따라 경력이 달라질 수 있는 연구직에 종사하는 며느리의 '옳음'과는 완전히 다른 것이다.

아내 말이 옳은지, 시어머니 생각이 옳은지, '줄다리기'를 하기 시작하면 대립 구조만 심각해질 뿐이다. 이러한 상황에서는 어떻게 해도 좋은 결론이 나오지 않는다.

이럴 땐 과연 어떻게 해야 할까?

이런 경우라면 자신이 처한 상황을 차근차근 설명함으로써 시어머니가 생각하는 '옳음'의 기준이 수정되길 바라야 한다.

여기서 가장 중요한 것은 '자신의 상황을 제대로 알린다'는 부분이다.

'시어머니는 사고방식이 낡았어'라고 '상대방이 옳다고 생각하는 기준'을 바꾸려 든다면 결국 서로 감정적으로 흘러가는 걸 피할 수 없다.

"어머니 입장에서는 그럴 수 있다고 생각해요. 그리고 어머니는 아주 좋은 아내임에 틀림없어요. 하지만 저 같은 경우에는 일이 있다 보니……"라는 식으로 상대방을 존중하는 가운데 자기 상황을 전달하면 충분히 이해해 줄 것이다.

그래도 안 될 경우엔 남편과 의논을 해 본 뒤 거리를 두는 것도 좋고, 거리를 두는 일에 죄책감이 든다면 전문가와 상담을 해보는 것도 나쁘지 않다.

POINT

상대방을 바꾸려 들지 말고,
우선 자신의 상황을 설명한다.

자존감이 낮으면
상대방의 의견을 받아들이기 힘들다

 '상대방이 생각하는 옳음과 내가 생각하는 옳음이 다르다'는 걸 받아들이기 어려워하는 사람도 있다.

> **CASE**
> "네 기분도 잘 알겠는데 그 친구의 기분도 이해돼"라는 친구의 말에 버럭 화를 내고 말았다.

 '누가 옳은가'에 민감하다는 건 마음에 상처가 많다는 뜻이기도 하다.
 연구에 따르면, 학대를 받아 온 사람들은 자신과 의견

이 다른 사람을 만나면 자기 존재를 부정당한 것으로 받아들이는 경향이 있다. 예를 들어 변덕스러운 부모 밑에서 눈칫밥을 먹고 살아온 사람에게 '부모와 의견이 같은지 여부'는 사활이 걸린 문제였을 테니 말이다.

자기에게 그런 경향이 있다고 생각되는 사람은 상대방으로부터 '자신이 옳다'는 것을 인정받기보다 자존감을 키우는 게 우선이다.

지금까지 '옳음의 줄다리기'에서 빠져 나오려면 '자신의 솔직한 기분과 관련해' 자기 상황을 설명하는 일이 중요하다고 했다. 앞의 사례처럼 친구 말에 화가 났을 때 화를 내는 대신, "지금 너한테 그런 말을 들으니 좀 충격인데"라고 말하면서 진솔하게 자기 기분을 말하다 보면 상대방도 쉽게 이해해 줄 것이다. 그리고 효과는 이뿐만이 아니다.

대인관계요법을 연구해 오면서 든 생각이지만 자신의 속마음을 솔직하게(물론 실례되지 않는 말투로) 털어놓았을 때 상대방으로부터 "아~ 그랬군요. 잘 알겠습니다. 그럼 이제부터 저도 도울게요"라는 말을 듣는다는 건 인간이 경험할 수 있는 최상의 따뜻함이다. 이러한 따뜻한 온기를 느끼다 보면 자존감은 저절로 길러진다. 이와 관련해 속마음을 어떤 사람에게 털어놓을지도 매우 중요하다.

이상적인 사람은 "아, 그랬군요. 잘 알았어요"라며 있는 그대로의 자기 모습을 받아 들여주는 사람이다. 이는 '무턱대고 감정이입을 하는 사람'과는 다르다. 상대방의 이야기를 마치 자기 일처럼 느끼는 사람들이 있는데, 될 수 있는 한 상대방은 상대방, 자기는 자기로 거리를 두고 '공감'해 주는 사람이 좋다.

나는 여기서 '공명共鳴'과 '공감共感'을 분리해서 쓰고 있다.

상대방이 자신의 속마음을 털어놓을 때 그 체험을 주관적으로 평가하고 '나도 그런 일을 겪은 적이 있다'고 평가하는 걸 '공명'이라고 한다. '공명'은 상대방 입장에서 "힘들었겠다"가 아니라, "나도 그런 일을 겪고 힘들었어"라며 화제를 자기 쪽으로 돌리는 특징이 있다.

한편 '공감'은 오히려 '공존'이라고 말하는 편이 더 이해하기 쉬울지 모르겠다. 상대방의 감정을 있는 그대로 받아들이고 인간으로서 따뜻한 애정을 느끼는 것을 말하기 때문이다.

결국 평가에 기초했는지 그렇지 않은지에 따라 '공명'인지 '공감'인지 구분할 수 있다.

'공명'은 '영역'이라는 관점으로 봐도 문제가 있다. '상대방의 기분을 잘 안다'고 생각하지만 사실 상대방의 기분이 진짜 그런지는 본인 말고는 누구도 알 수 없다. 상대방의 기분은 어디까지나 그 사람 영역 안에서의 이야기이기 때문이다.

이야기를 들어 주는 사람의 태도가 '공명'이라면 '어라, 나와는 조금 다른 이야기인 것 같은데'라는 생각이 들 것이다. 이때 상대방이 '공감'이 아니라 '공명'을 하고 있음을 알 수 있다. 이러한 '조금 다르다'라는 감각을 잘 구분하여 공감과 공명을 구분할 수 있다면 자신을 좀 더 잘 지킬 수 있다.

POINT

자기 속마음은 '공명'이 아닌
'공감'해 주는 사람에게 털어놓는다.

직장에서 부하직원에게
폭언을 할 것 같다면?

감정적으로 되기 쉬운 사람이 신경 써야 할 것 중 하나로 파와하라パワハラ(권력을 이용한 괴롭힘을 뜻하는 말로 권력power과 괴롭힘harassment을 합한 일본의 신조어. 이하 '직장 내 괴롭힘'으로 통일. — 옮긴이) 문제가 있다.

> CASE
> 그렇게 하면 안 되는 줄 알면서도 부하직원이 뭔가 잘못을 하면 화를 참을 수가 없다.

이는 앞에서도 말했지만 직장 내 괴롭힘 문제로 볼 수

있는 전형적인 사례다.

직장 내 괴롭힘이란 개념은 이제 사회 전반에 널리 알려져 있다. 따라서 과거에 '흔히 볼 수 있는 일'이었다고 할지라도 이제는 생각도 할 수 없는 인권 침해로 받아들여지고 있다.

이러한 흐름 자체는 사회가 인권을 존중하는 방향으로 성장해가는 바람직한 현상이라 생각한다.

하지만 직장 내 괴롭힘을 인권 침해로 받아들이며 성장해온 젊은 세대와, 이를 당연한 것으로 허용해온 윗세대와는 '괴롭힘'이란 개념을 두고 다소 온도차가 있다.

직장 내 괴롭힘으로 숨이 막히고 이 족쇄로부터 벗어나고 싶다고 생각하는 사람들은 의외로 많다. 하지만 이를 말로 꺼내면 "뭐, 그 정도 일로 숨이 막히다니, 이해가 안 된다"며 일축해 버리기 일쑤다. 결국 이런 괴로움을 공유할 수 있는 사람들끼리 홧김에 술이나 마시러 가는 걸로 마무리되곤 한다.

인간은 완벽한 존재가 아니다.

인권 교육을 받았다 해도 일상에서 '무심코' 폭력적인 말을 하게 되는 경우는 당연히 있을 수 있다. '무심코' 그랬다는 것조차 깨닫지 못하는 사람들도 있다. 가능하면 '무심코'라도 이런 행동을 하지 않는 것이 좋겠지만, 그게 잘 안 되었을 때 어떻게 해야 할지를 한번 생각해 보자.

일단 자신이 부하직원에게 폭언을 하는 상사라 생각되면, 앞에서 말한 것처럼 상대방의 인격과 행동을 구별하는 것이 가장 중요하다.

부하직원을 향한 질책을 멈출 수 없다는 것은 이미 부하직원의 행동이 아닌 인격의 영역까지 침범해 있다는 걸 의미한다.

순수하게 어떤 행동 하나를 가지고 그렇게 장시간 동안 질책할 수는 없다. 뭔가 말이 길어질 땐 반드시 '항상 자네는……', '……할 때도' 등 과거 있었던 일이나 이번 일과 직접적으로 관련 없는 일까지 끌어들여 상대방의 인격을 비판할 때가 많다.

따라서 '화를 멈출 수 없을 것' 같으면 우선 '그 사람의 행동만 갖고 이야기하자'고 마음먹거나, 질책을 멈추지 못하고 선을 넘어 버렸다면 "내가 너무 심한 말을 했군, 미안하네"라고 바로 사과하는 게 문제를 키우지 않는 길이다.

이야기가 나온 김에 이와 관련된 '구속감'에 대해서도 생각해 보자. '구속감'이 '피해의식'으로 이어져 '감정적'이 될 가능성이 높기 때문이다.

이를테면 인신공격을 했다는 지적을 받고 "그 정도 말도 못해, 그게 무슨 인신공격이야, 쓸데없는 소리 집어치워"라고 폭발해 버릴지도 모른다.

'구속감'은 "뭐라고? 이게 인신공격이라고? 그런 사소한 일로 트집을 잡다니……"라는 충격으로부터 시작된다.

물론 그러한 느낌은 자기 잘못을 드러내는 일이기 때문에 몸과 마음은 '방어 모드'로 들어갈 것이다. 이렇게

'어긋난 방어' 상태로 돌입하면 '감정적'이 되고, 이를 참음으로써 한층 '구속감'을 느끼게 되는 악순환이 계속된다.

"그런 사소한 일로 트집을 잡다니"라는 것은 어디까지나 자기 영역 내의 문제이기 때문에 상대방의 영역에서 봤을 때 그것이 '사소한 일'인지 아닌지는 알 길이 없다.

'그런 사소한 일로 트집을 잡다니'라고 느낀 시점부터가 자기 입장을 상대방에게 강요하는 게 되어 상대방의 '영역'을 침범하는 일이 된다. 이 또한 '옳음'을 둘러싼 이야기라고 생각해도 좋다.

직장 내 괴롭힘 문제는 자기가 옳다는 관점에서 보기 시작하면 이야기가 복잡해진다.

어디까지나 각자의 '영역'은 말 그대로 '영역'일 뿐이다. 자신도 옳지만 상대방의 '영역'에서는 다른 것이 옳을 수 있다는 것을 염두에 두어야 한다. 국제 외교 문제를 생각해 보면 상황이 쉽게 그려질 수 있을 것이다.

POINT

'그런 사소한 일로 트집을 잡다니'라는
말 자체가 이미 상대방의 영역을
침범하고 있다.

'용서할 수 없는'
자신을 비난하지 않기

　마지막으로 '옳음'과 깊은 관계가 있는 '용서'라고 하는 감정에 대해 조금 살펴 보자. '내 생각이 옳다는 것에 얽매이고 싶지 않지만 용서가 안 되는 건 안 되는 거야!'라고 생각하는 사람도 많을 것이다.

　나는 여기서 '용서'를 두 가지 의미로 나누어 사용하고 있다.

　첫 번째로 '상대방의 부적절한 행위를 너그럽게 본다'는 가장 일반적인 의미의 '용서'가 있다.

　하지만 '저 사람이 저런 행동을 한 건 그때 제정신이 아니었기 때문이야'라고 정황을 고려한다고 해서 항상 그 사람을 '용서할 수 있는' 것은 아니다.

가령 어릴 적 학대를 받은 사람의 입장에서는 그 학대는 변하지 않는 사실일뿐더러 그렇게 너그럽게 볼 수 있는 성질의 것이 아니다.

또한 소중한 사람이 상처를 받았거나 심하게는 살해를 당한 경우에도 '용서'는 불가능할 것이다.

하지만 용서할 수 없는 것을 끌어안고 사는 것은 아주 고통스러운 일이다.

나는 '용서'를 주제로 워크숍을 자주 진행하는데 공지를 올리면 금방 정원이 찰 만큼 인기 있는 워크숍이다. 이 워크숍에서는 먼저 '무슨 일로 누구를 용서할 수 없는지', 그리고 '용서하지 않음으로써 얻는 것은 무엇일지'를 써 보라고 한다.

사실 이 워크숍에서 목표로 하는 것은 다른 의미를 가진 '용서'이다. 앞서 첫 번째 '용서'는 '상대방의 부적절한 행위를 너그럽게 보는' 것이라 말했는데 두 번째 '용서'

는 이와 달리 '상대방'과 아무런 관련이 없다.

두 번째 의미의 '용서'는 자신이 처한 힘든 상황에서도 자신의 본질은 다치지 않았다'는 인식에 도달함으로써 가능하다.

힘든 일을 당하면 문제(증상)가 생기고 이에 대해서는 대처할 필요가 있지만 그런 가운데에서도 행복하고 따듯한 '본래의 자신'을 느낄 수 있어야 한다. 이것을 깨닫게 되면 두 번째 의미의 '용서'가 가능해진다.
'용서'에 대해 간략하게 이야기했지만 일단 지금은 첫 번째 '용서'와 두 번째 '용서'를 머릿속에 기억해 주길 바란다.
많은 사람들이 첫 번째 의미의 '용서'가 되지 않아 자신을 자책한다. 하지만 '자기 본질은 조금도 바뀌지 않는다'는 것을 깨닫게 되면 두 번째 의미의 '용서'도 가능할 것이다.

POINT

타인에 대한 용서는 힘들어도
자신을 위한
'용서'의 마음은 가질 수 있다.

part 5

쉽게 감정적이 되지 않기 위한
7가지 습관

습관1
자신의 몸 상태를 파악한다

 이번 장에서는 평소 마음의 평화를 유지하려면 어떻게 해야 하는지, 즉 '감정적으로 되지 않기 위한 습관'을 소개하고자 한다.
 지금까지 '감정적'으로 되는 마음의 구조와 그 대처법에 대해 살펴 봤지만 마음의 구조와 대처법을 안다 해도 기분이나 컨디션 등의 영향으로 '감정적이 되는' 경우가 있을 수 있다.
 가령, '쉽게 감정적으로 되는 사람'의 대명사격인 '술주정꾼'을 한번 살펴 보자. 술 취한 사람은 감정적으로 생트집을 잡으면서 주변 사람들을 곤란하게 만든다. 또한 가정 폭력도 음주 시 일어나는 경우가 많다. 그 밖에도 '그놈의 술 때문에……'라고 말할 수 있는 상황은 부지기수다.

그렇다면 왜 사람들은 술에 취하면 '감정적'으로 되는 걸까? 이는 알코올에 의해 감정이 억제되지 않아 감정과 사고의 밸런스가 깨지기 때문이다.

우리는 보통 자기감정이나 생각을 있는 그대로 표현하지 않는다. '이렇게 말하면 실례가 되지 않을까, 이런 말을 해도 될까' 주의하며 상대방의 일이나 상황을 고려해 말을 취사선택한다. 하지만 술에 취해 이성이 마비되면 컨트롤이 잘 안 된다. 또한 감정을 확대 해석하는 '감정적 사고'로 흐를 가능성이 커 쉽게 화를 터트리게 된다.

음주와 마찬가지로 이런 일은 '피로감'에 의해서도 일어날 수 있다.

주로 밤에 '감정적'으로 되는 경험은 한 번쯤 해 봤을 것이다. 이런저런 생각에 빠지다 보면 마음이 약해지면서 죽고 싶은 심정마저 들 때가 있다. 하룻밤 자고 나면 또 의외로 회복이 되지만 말이다.

이는 밤이 되면 사고를 담당하는 뇌 부위(전두엽)가 지쳐 통제력이 약해지면서 '감정적 사고'에서 빠져 나오기가 한층 힘들어지기 때문이다.

게다가 감정적 사고에 사로잡혀 불면의 날이라도 계속되면 뇌의 감정중추가 지나치게 반응해 감정적으로 균형을 잃으면서 더욱 감정적이 되는 악순환이 반복될 수 있다.

그 결과 우리 감정은 마치 롤러코스터처럼 종잡을 수 없게 되면서 무력감과 우울감이 찾아올 수 있다.

밤만 되면 생각이 많아지면서 죽고 싶은 생각이 든다면 일단 약을 복용해서라도 수면을 취할 것을 권장한다. 뇌가 지치면 아무리 힘을 내보려 해도 소용이 없기 때문이다.

더구나 통제력이 사라져 감정이 드러나기라도 하면 "결국 그게 본심이었군요"라고 말하는 사람들이 있는데, 이는 전혀 사실이 아니다.

우리는 감정과 사고를 모두 가진 존재로, 감정을 어떤 식으로 표현할지, 혹은 표현하지 말지를 두고 신중히 '사고'한다.

사고에도 당연히 개성이 드러나기 때문에 오로지 감정만 갖고 본심이라고 단정할 수 없다. 그러니까 신중하게 사고해서 '이렇게 말해야겠다'고 생각한 바로 그것이야말로 '정말 그 사람이 하고 싶었던 이야기'라고 할 수 있다.

지금까지 음주와 피로감으로 인해 '감정적'이 되는 요인을 살펴봤는데, 그 밖에 호르몬의 불균형도 '감정적'이 되는 요인이 될 수 있다.

월경 전 감정이 예민해지는 사람들을 많이 볼 수 있다. 소위 '월경전 증후군'이란 진단을 받고 신경과 치료의 대상이 되기도 한다. 그 정도까지는 아니어도 월경 전후로 감정 기복이 심해지는 경우는 심심치 않게 볼 수 있다.

음주는 알코올 의존증에 빠지지만 않는다면 스스로 컨트롤이 가능하다(그렇지 않은 경우는 반드시 병원을 찾기 바란다).

하지만 피로감이나 월경 주기에 따른 감정 기복은 어쩔 수 없는 부분이 있다.

하지만 자신이 언제 피곤하고 언제 감정적이 되는지만 제대로 알아두어도 감정적이 되지 않도록 컨디션 조절하는 데 큰 효과가 있다.

주변 사람들에게 지금은 자신의 컨디션이 좋지 않다고 알리는 것도 좋은 방법이다.

POINT

감정 컨트롤이 안 되는
타이밍을 인식한다.

습관2
'상대방의 문제'라고 생각한다

사소한 일에도 화가 난다면 뭔가 이유가 있을 것이다. 그게 뭔지를 찾다 보면 흥분도 점차 가라앉을 것이다.
아래의 예를 한번 보자.

> **CASE**
> 전철에서 누군가 발을 밟았는데 사과 한마디 없어 순간 열받았다.

일단 발을 밟힌 시점에는 '불쾌'할 것이 분명하다. 게다가 상대방이 사과조차 하지 않는다면 더욱 화가 날 것이다.

이때 순간 욱하는 것은 자연스러운 감정이다. 이는 생각지도 못한 일이자 자기 신체에 대한 폭력에 해당하기 때문이다.

하지만 욱하는 걸 넘어 폭발이라도 하게 되면 문제가 복잡해질 수 있다.

'사과조차 없다'는 사실에 '날 무시하는 거야?', '사람을 존중할 줄 모르는군' 같은 '감정적 사고'가 생기면서 단순한 감정을 '감정적'으로까지 확대시킬 가능성도 있다. 특히 자존감이 낮아 평소 '자신이 존중받고 있지 않다'고 생각하는 사람은 '항상 나만 손해 보고 산다'는 식의 피해의식이 생길 수 있기 때문에 이는 정말로 주의해야 한다.

이럴 때는 이 문제를 상대방의 '영역'에서 일어난 문제로 바꾸어 받아들이는 게 좋다.

구체적으로 말하자면 '나는 왜 이리 운이 없는 걸까',

'나는 왜 항상 무시를 당하는 거지?'라는 식의 자기 입장에서 생각할 게 아니라 '사람의 발을 밟아 놓고도 사과 한마디 없다니, 어지간히 마음의 여유가 없나 보군. 만원 전철은 처음인가'와 같은 식으로 상대방의 영역에서 생각해 보라는 것이다.

실제 그 사람이 왜 사과를 하지 않는지, 혹시 밟은 사실을 모르고 있는 건 아닌지 등등의 문제는 본인에게 직접 물어 보지 않으면 알 수 없다.

'감정적'인 사람은 평상시에도 '피해의식'이 강한 편이다.

'욱'할 때마다 '어째서 나만 항상 이럴까'라는 식으로 '피해의식'에 사로잡힐 게 아니라 '발을 밟혀서 아프긴 한데 저 사람이 사과하지 않는 건 나와는 상관없어. 어지간히 마음에 여유가 없는 사람인가 보네'라고 자신으로서는 이해할 수 없는 상대방의 '영역' 이야기로 보는 습관을 붙이면 '피해의식'에서 벗어나는 데 도움이 될 것이다.

POINT

'어째서 나만 항상'이라는
피해의식에서 벗어나자.

습관3

'친구 노트'를 쓴다

'감정적이 되지 않기 위한 습관'을 들이기 위해 '자존감'은 매우 중요한 포인트다.

자존감에 대해서는 다른 책에서도 많이 다루고 있으므로 여기서는 간단한 복습과 훈련법을 소개하려 한다.

자존감을 높이는 훈련이라지만 그렇다고 마법 같은 것은 아니다. 또한 앞에서 말했듯이 자존감은 좋은 게 좋은 거라는 식의 '긍정적인 사고'와도 관계없다.

오히려 이러한 '긍정적인 사고'를 지닌 사람들이 쉽게 번아웃이 되거나 탈진되기 쉽기 때문에 자존감을 더욱 갉아먹을 수 있다.

자존감을 키우기 위한 첫 단계는 바로 있는 그대로의 자신을 부정하지 않고 인정하는 일이다. 그러기 위해서는 자신의 감정을 인식하는 일이 무엇보다 중요하다.

화를 내든 마음의 응어리가 있든 뭔가 감정이 생기면 일단 노트에 적어 보자.

CASE
일식집에서 굴튀김을 먹고 있는데 냄새가 났다. 가게 주인에게 상한 게 아니냐고 물었더니 "다들 잘만 먹던데요!"라고 퉁명스럽게 대꾸했다. 결국 아무것도 먹지 않고 나왔는데 치미는 화를 누를 수 없었다.

이럴 때는 아래의 두 가지 단계를 실행해 보자.

단계① 노트에 있는 그대로의 기분을 적는다.

예를 들면 이런 식으로 써 볼 수 있다.

- 기대했던 굴튀김에서 냄새가 나 짜증났다.
- 가게 주인이 내가 말한 것을 믿어 주지 않아 억울했다.
- 도리어 불평이나 늘어놓는 손님 취급을 당해 화가 치밀었다.

단계② 친한 친구였다면 뭐라고 말했을지 적어 본다.

자신이 친구 입장이 되어보면 어떤 기분일까? 그 기분도 있는 그대로 써 보자.

- 뭐라고? 정말 그랬다고? 무슨 식당이 그래? 너무 심하네.
- 화를 낸들 자기만 손해야. 이번엔 나랑 다른 식당에 가 보자. 굴튀김이 진짜 맛있는 집으로.

나는 이것을 '친구 노트'라고 부르는데 『이대로 충분해. 실천 노트』라는 책으로도 출판되어 많은 사람들에게 읽히고 있다.

물론 전용 노트가 아니라 기존에 있는 노트라도 상관없다.

'자신의 기분을 적는다' → '친구였다면 뭐라고 할지 적는다.'

이런 습관을 한번 붙이면 이것만으로도 충분히 달라질 수 있다.

이렇게 노트를 만들어 적어 봄으로써 지금까지 거의 무시해 왔던 '최초의 감정'('감정적'이 아니라 말 그대로 '감정'이다)을 살릴 수 있게 되어 결과적으로 자존감도 높아질 것이다.

POINT   '최초의 감정'을 무시하지 않는다.

습관4
주어를 '나'로 바꾸어 생각한다

주어를 '나'로 바꿔 전달하면 서로의 '영역'을 지키는 일이 훨씬 수월해진다고 앞서 말했다. 이를 응용해, '나'를 주어로 말하는 사고 습관을 들이면 '감정적'으로 흐르는 것을 막을 수 있다.

예를 들어 심한 말을 들었을 때 '(저 사람은) 나를 바보로 알아!'라고 생각하기보다 '(나는) 저 말을 듣고 상처받았다'라고 생각하는 편이 감정에서 빠져 나오기 쉽다.

앞에서 '뭔가 분쟁이 생겼을 때 자기를 피해자로 생각하기보다는 상대방의 영역에서 일어난 문제로 생각하는 것이 좋다'고 했다. 반면 '최초의 감정'에 관해서는 주어를 '나'로 바꾸어 '자기 영역'의 문제로 취급하는 것이 효과적이다.

이때 앞에서 말했듯이 글로 '써 보는' 것이 가장 좋다.

'나'를 주어로 한 문장 샘플을 만들어 두어도 좋을 것이다.

이렇게 '나'를 주어로 생각하는 습관을 붙이면 '피해'와 '피해의식'을 손쉽게 구별할 수 있다.

당연한 말이지만 누구든 심한 말을 들으면 '상처'를 입는다. 이는 결코 부정할 수 없는 사실이다. 하지만 '상처'를 입는 것과 '피해의식'을 갖는다는 것은 전혀 다른 이야기다.

'(나는) 상처를 받았다'고 '피해'를 인지하고 이것이 '왜 나만 항상……'이라는 '피해의식'으로 발전할 것 같으면 이것도 글로 써 보고 '이런 기분이구나'라는 친구의 코멘트도 따로 적어 보자.

그렇게 하면 '왜 나만 항상……'이라는 피해의식이

절대적 진리가 아니라 충격을 받았을 때 느끼는 하나의 감정에 지나지 않는다는 것을 깨달을 수 있다.

'나'를 주어로 해서 사고한다는 것은 일상적으로 자신의 '영역'에 책임을 지며 산다는 걸 뜻한다. 그렇게 함으로써 인간관계가 더욱 성숙해지고 쓸데없이 피해의식을 갖는 일도 사라질 것이다.
'피해'는 여기저기서 일어날 수 있다. 그러한 '피해'와 '피해의식'을 구별하는 것은 매우 중요하다. 왜냐하면 '피해의식'은 자신을 무력화하기 때문이다.

현실적인 '피해'는 인식하되 '피해의식'은 버리자.

이런 훈련을 반복해 가면서 자기 것으로 만들어 보기 바란다.

POINT

'피해'와 '피해의식'을 구분해서
생각한다.

습관5
'해야 할 것'이 아니라
'하고 싶은 것'에 초점을 맞춘다

 사람을 '감정적'으로 만드는 요인 중 하나가 바로 '~해야 한다'는 마음이다. 무언가를 해야 한다는 강박적인 마음이 사람을 더욱 '감정적'으로 만든다. 그런 '해야 한다'는 마음이 '~해야만 하는데, 저 사람은 그러지 않는다'처럼 자신의 '옳음'을 타인에게 강요하게 되기 때문이다.

 여기에는 '나는 힘들게 하고 있는데……'라는 피해의식이 깔려 있다. 그렇기 때문에라도 되도록 '~해야 한다'는 생각은 버리는 편이 좋다. 이렇게 말하면 '주변에 쓰레기를 마구 버리고, 약속을 아무렇지도 않게 어기고, 새치기를 함부로 해도 좋다는 거야?'라고 반박하는 사람도 있을 수 있다. 하지만 그렇지 않다.

많은 사람들이 '해야 한다'는 의무감이 아니라 자신의 미의식에 비추어 생각하고 행동한다. 우리는 오로지 '해야 한다'는 의무감에 쓰레기를 버리지 않고 새치기를 하지 않는 것이 아니다. 많은 사람들이 이러한 행동들에 눈살을 찌푸린다. 왜냐하면 사람들은 기본적으로 '아름답게 살고 싶다'는 욕망을 갖고 있기 때문이다.

사람들은 생활환경을 아름답게 가꾸고 싶기 때문에 쓰레기를 버리지 않고 다른 사람을 존중하면서 따뜻한 마음으로 살고 싶기 때문에 새치기를 하지 않는다. 따라서 '~해야 한다'는 의무감이 아니라 '~하고 싶다'는 마음을 의식하는 것이 중요하다.

평소 '해야 한다'는 의무감에 따라 살아 온 사람은 이를 '하고 싶은 것'에 초점을 맞추는 것만으로 자존감이 훨씬 높아지고 '감정적'으로도 빠지지 않게 된다.

POINT 무슨 일이든 '하고 싶은 것'에 초점을 맞추자.

습관6
그 자리에서 벗어난다

지금까지 마음의 '영역'에 관해 많은 이야기를 했지만 '감정적'으로 흐를 것 같을 때 물리적으로 거리를 두는 것도 매우 중요하다.

CASE
그와 싸우고 감정적으로 되어 헤어지자고 했다.

"헤어지자"는 말은 그 말을 내뱉은 당사자에게도 매우 충격적인 일이다.

특히 자신이 '감정적'으로 되어 자기 컨트롤이 어려운

상황에서는 충격이 더욱 크게 느껴질 것이다.

위 사례와 같은 경우 '그와 헤어질까'라고 바로 생각을 앞세우는 일은 피해야 한다. 우선은 '감정적'으로 흥분한 현장에서 벗어나는 것이 중요하다. '그와의 관계를 끝내야 할지 말지'는 냉정을 찾은 후에 해도 늦지 않다.

괜히 헤어지자는 이야기를 꺼내 상대방이 "나야말로 헤어져 줄게", "왜 그렇게 말을 심하게 하는 거야!"라고 받아치며 상황이 더욱 '감정적'이 되면 어느 쪽이든 좋을 게 없다.

냉정을 되찾은 후 판단을 내린다면 몰라도 '감정적'으로 흥분한 상태에서 내린 판단은 어떻게 해도 좋은 결과로 이어지기 힘들다.

그런데 지금 막 싸우고, 게다가 헤어지자는 말까지 꺼낸 마당에 냉정해질 리가 만무하다. 그 자리에 계속 있다가는 '그'라는 존재 자체가 자신을 자극해 "감정적으로 말하지 마"라는 말에도 더욱 '감정적'으로 될 것이 분명하다.

그 자리에 있으면서 감정이 공명해 점차 일이 커지는

경우라면 그냥 자리를 뜨는 것만으로 냉정을 되찾을 수 있다.

물론 그렇게 간단히 해결될 문제는 아니지만 감정의 골이 점점 깊어진다면 지금까지 말한 대처법을 참고로 '감정적'으로 만드는 상황으로부터 자신을 지키는 일이 필요하다.

지금 이야기한 것은 물리적인 거리를 둠으로써 '감정적 모드'에서 벗어난다는 것이지만 이와 똑같은 작업을 마음속으로도 할 수 있다.

따라서 이 장의 마지막에서는 '마음의 셔터를 내리는 법'에 대해 이야기해 보려고 한다.

POINT

그 자리에 함께 있지 않는 것만으로도
최선책이 될 때가 있다.

습관7
'마음의 셔터'를 내린다

'감정적'으로 된다는 것은 뿌리 깊은 콤플렉스나 마음 속 깊은 상처를 반영하고 있는 경우가 많다. 따라서 '감정적'으로 되지 않으려고 감정을 억누르려고만 하면 오히려 더욱 더 '감정적'으로 흐를 가능성이 높다.

이럴 땐 '감정적으로 되지 않으려고 하는 것'보다 '자신이 언제 감정적으로 되는지 그 상황을 알아 두는 것'이 더 효과적이다.

나는 '감정적'으로 되는 계기를 '자동 스위치'라 부른다. 예를 들어 어떤 사람은 일의 성과에 관한 이야기만 들어도, 어떤 사람은 새치기 등 타인의 부정을 보기만 해도, 또 어떤 사람은 부모에게 잔소리를 들으면 어릴 적 트라우마 때문에 자동 스위치가 켜진다. 이런 식으로 자동 스위치가 켜지는 계기는 사람마다 다르다.

따라서 우선 자기가 어떤 계기로 '자동 스위치'가 켜지는지 파악하고 그 상황에 직면했을 때 '마음의 셔터'를 내리는 것이 중요하다. '마음의 셔터를 내린다'는 것은 말하자면 마치 눈앞의 일이 보이지 않는 것처럼 행동하는 것을 말한다. 그러니까 일부러 의식 밖으로 나가 자기 세계로부터 사라져 버리는 일이다.

여기서는 '일부러'가 포인트다. 도망치는 거라고 생각할 수도 있지만 사람에게는 다양한 사정이 있어서 어떠한 상황에서도 '감정적으로 되지 않기'란 불가능하다.

'감정적으로 되지 않기' 위해서는 '지금 할 수 있는 일에 최선을 다하고, 할 수 없는 일이라면 인정하고 받아들이는' 수밖에 없다.

POINT

'자동 스위치'가
켜질 것 같은 상황이면
우선 피하고 보자.

part 6

'감정적인 사람'을 대하는 법

'감정적인 상사'가
두렵다면?

 지금까지 자신이 '감정적'으로 되는 일에 대한 대처법을 살펴 봤다. 이제 마지막으로 '감정적인 사람'과 어떻게 하면 잘 지낼 수 있는지를 살펴 보려고 한다.
 원래 '감정적인 사람'은 대응하기가 참 어렵다. 무의식 중에 자기까지 '감정적'이 될 수 있기 때문이다. 다른 사람의 '감정적'인 흐름에 휘말리지 않는 방법에는 무엇이 있을까?

CASE
일이 잘 안 풀릴 때마다 감정적으로 폭발하는 상사가 두렵다.

회사에 이런 상사가 있으면 참 난감하다. 직장을 옮길 수 있으면 그나마 다행이지만 그렇지 못한 상황이 더 많을 것이다. 또 어떤 직장이라 해도 이런 유형의 사람은 꼭 있기 마련이라 미리 대응책을 마련해 놓는 게 좋다.

여기에서 말하고 싶은 것은 이런 상사가 '본인 스스로 곤란한 사람'인 동시에 '곤란을 겪고 있는 사람'이라는 것이다.

특히 마음의 여유가 없는 사람은 일을 잘 처리하지 못했을 때 쉽게 패닉 상태에 빠진다. 그리고 항상 강조하는 말이지만 '상사가 곧, 인격자'인 것은 아니다(물론 훌륭한 상사도 있다).

이 경우에서는 우선 상사를 어쩌다 직위가 위에 있을 뿐인 평범한 사람으로 받아들이는 것이 중요하다. 보통 상사가 되면 짊어져야 할 책임의 범위도 늘기 때문에 스트레스를 받기 쉽다.

그리고 이런 사람은 어떻게 해야 할지 모르겠는 상황

이 오면 이를 남 탓으로 돌리거나 부하직원을 나무라기 십상이다. 이는 자신의 직위를 이용해 막말을 하는 것이기 때문에 당연히 갑질이라고 부를 수 있다.

  폭력적인 상사는 같은 공간에 있는 것만으로도 두려움을 일으킨다.

  마음의 상처가 될 정도로 폭력을 휘두르는 상사라면 회사 차원의 대응도 필요하겠지만 이와 별개로 감정적인 상사로부터 자신을 지킬 수 있는 방법을 한번 생각해 보자.

  우선 '감정적'인 상사를 '본인이 힘들어 주변을 잘 살피지 못하는 사람'으로 받아들이는 것이 중요하다.

  사실 그는 아주 나약한 존재다.

  자기 직권을 이용해 위에서 내려다보는 시선으로 호통을 치기 시작하면 막강한 힘을 가진 존재로 보일지도 모른다. 하지만 누구라도 '감정적'으로 대응하는 사람들은 예외 없이 나약한 존재라 할 수 있다. 실제로 폭언과 폭력을 일삼는 사람들이 우울증에 걸리기 쉽다는 연구 결과가 있다.

이런 상사와 어쩔 수 없이 같이해야 하는 동안에는 그를 '자기감정 하나 추스르지 못하는 나약한 사람'으로 치부하고 자기 일에 영향을 받지 않도록 해야 한다.

이런 마인드를 유지한 채 상사로부터 분풀이를 당하거나 심한 꾸지람을 들으면 일단 "죄송합니다"라고 말해보자.

'분풀이를 일삼는 폭력적인 상사에게 왜 내가 사과를 해야 하지?'라는 생각도 들겠지만 이는 말 그대로 사과한다는 의미가 아니다.

'옳음'에 대해서 한참 이야기했지만 이는 자기와 상사 중 누가 옳은지를 따지는 이야기가 아니다.

'누가 옳고 누가 그른가'를 굳이 따지자면 확실히 '사과를 하는 쪽이 잘못한 사람'이라는 생각이 들기 쉬운데 사실 화풀이는 '옳고 그름'의 문제로 이야기할 수 있는 차원의 것이 아니다. 단지 '말도 안 되는 이유로 화풀이를 할 만큼 상황이 어렵고 불쌍한 사람'이라는 의미에서 쓰는 '위문'의 사과일 뿐이다. 이런 의미의 사과는 상사의 폭력으로부터 자신의 마음을 지키기 위한 하나의 지혜라고 할 수 있다.

POINT

일단 사과부터 하자.

갑작스러운 '언어 폭력'에 대처하는 법

'감정적'인 사람은 흥분을 잘할 뿐만 아니라 폭력적인 말을 아무 생각 없이 던질 때가 많다. 이럴 땐 어떻게 대처해야 할까?

> **CASE**
> 회식 자리에서 업무상 논쟁이 벌어졌다. 갑자기 감정적으로 흥분한 동료 하나가 "그건 그렇고 자네 말이야. 얼굴만 보면 30은 훌쩍 넘은 것같이 보인다니깐" 하고 일과 상관없는 말을 내뱉었다. 회식 자리이기도 하고 이제 와서 뭐라 한들 소용없다는 걸 알지만 화가 치미는 걸 참을 수가 없다.

'감정적'인 사람과 얽히면서 자신도 '감정적'으로 도발하게 되는 전형적인 케이스로 볼 수 있다. 위의 사례와 같이 불쾌한 말을 들으면 누구라도 화가 날 게 분명하다.

그 후로도 화가 가라앉지 않은 걸 보면 회식 자리에서는 웃어 넘겼거나, 혹은 너무 화가 난 나머지 말 없이 자리를 피했을 것이다. 앞에서 이야기한 것처럼 술에 취하면 '감정적'으로 되기 쉽기 때문에 그 자리에서 반론하기도 어려웠을 것이다. 이렇게 화를 가라앉힐 수 없을 때는 어떻게 하면 좋을까?

일단, 심한 충격을 받은 자신을 위로해야 한다.

보통 이런 때에는 '앞으로 상대방을 어떻게 대해야 할지'에만 골몰하기 쉬운데 자기 마음을 잘 지키기 위해서는 '나'를 주어로 해서 '지금 내가 화가 많이 났구나'라고 감정을 있는 그대로 인정하는 것이 중요하다. 그러고 나서 '그렇게 불쾌한 말을 듣고 화가 나는 것은 당연해. 정말 기분 나쁜 일을 당했구나'라고 자신을 위로해 보자.

이것만으로도 '감정적 사고'로 이어지지 않고 해결되는 경우가 많다.

그런 다음, '내가 그런 말을 들었다'가 아니라 '상대방이 그렇게 말했다'는 점에 초점을 맞추면 상대방 영역 안에서 이루어진 말로 흘려 버리기 쉬울 것이다.

하지만 그래도 화가 가라앉지 않는다면 '감정적 사고'가 작동하고 있다는 증거다. '뭔데 저렇게 심한 말을 하는 거야', '날 무시하는 거야 뭐야' 같은 피해의식이 자리 잡고 있는 것이다. 게다가 '그때 이런 말을 했어야 했는데'라며 그 상황에 제대로 대응하지 못한 자신에 대한 자책감이 더해져 화가 누그러지지 않을 수도 있다.

사실 '감정적'인 장면에는 자기가 얼마나 부당한 취급을 받았던 간에 타인뿐만 아니라 '나'의 책임도 있다.

심한 말을 내뱉은 상대방을 탓하는 것만으로는 그렇게 화가 오래 가지 않는다. '심한 말을 한 상대방'과 '심한 말은 들은(그리고 그 자리에서 할 말을 못한) 나'가 합쳐져

'감정적'인 상태가 지속되는 것이다.

상대방과 관련 있는 부분은 새삼 이제 와서 소용없는 경우가 다반사고, 반론을 한다 한들 더 심한 말이 돌아오는 경우도 적지 않다.

하지만 '자신'에 대해서는 스스로 무언가 할 수 있다.

어떤 식으로 생각하는 게 좋을까? 무엇보다도 '그렇게 심한 말을 듣고 바로 냉정을 되찾아 적절히 대응하기는 힘들다'는 것을 의식하는 게 중요하다. '내가 그때 잘 대처해야 했다'고 생각하기 시작하면 '감정적'인 상태에서 벗어나기가 힘들다.

갑자기 그런 일을 당했을 때 적절히 대응할 수 있는 사람은 아무도 없다. 따라서 '정말 심한 일을 당했다'고 자신을 위로하면 상황에서 쉽게 빠져 나올 수 있다.

POINT '냉정해질 수 없는 자신을 인정하고 받아들이자.

모르는 사람이 갑자기
화나게 한다면?

 방금 전의 예는 아는 지인이 '감정적'이 되는 경우이지만, 모르는 사람으로부터 갑자기 화를 입을 수 있다.

> **CASE**
> 전철에서 립스틱을 바르고 있는데 옆자리 아저씨로부터 "뭐하는 거야! 전철 안에서. 꼴사납게"라는 심한 말을 들었다. 데이트를 앞두고 기분이 좋지 않았다.

 기분이 좋지 않은 건 그 아저씨가 생각하는 '이래야 한다'는 생각이 자기 머릿속에도 자리 잡고 있었기 때문이다.

 자기도 순간 '하면 안 되는 일'을 했다는 생각에 옆자리 아저씨 말에 뜨끔해지면서 '감정적'으로 되는 것이다.
 갑자기 모르는 사람에게서 비난을 받는다는 것 자체가 이미 대단히 충격적인 일이다. 게다가 사실 본인조차 '하면 안 되는 일'이라고 생각하고 있던 참에 그런 지적을 받은 거라 충격이 더욱 컸을 것이다.

 갑자기 자신을 다그치는 아저씨에 대한 불쾌감뿐만 아니라 '아저씨에게 허점을 보인 자기 자신'에 대한 불쾌감이 더해져 기분이 좋지 않았던 것이다.

 하나하나 짚어 보자.
 우선 아저씨의 '꼴사납다'라는 말에 주목해 볼 수 있다. 전철 안에서 화장하는 것을 어떻게 생각하는지는 사람마다 다를 것이다. '썩 좋아 보이진 않지만 립스틱 바를 시간이 없었던 모양이지'라며 대수롭지 않게 넘기는 사람도 있을 수 있다.

뭔가 사정이 있을지도 모르는 상대방을 두고 무작정 '꼴사납다'고 말하는 건 매우 폭력적인 행위다. 립스틱을 바른 본인이 마음 한구석에서 '보기 흉하지 않을까' 생각하고 있더라도 그렇다. 왜냐하면 그가 다른 사람의 '영역'을 침범하고 있기 때문이다. 그녀가 그 말을 듣고 분노를 느끼는 것은 당연한 일이다.

우선은 '화가 나는 것은 당연하다'고 자신의 기분을 인정하고 받아들여야 한다.

이 사례에서 볼 수 있는 또 하나의 포인트인 그녀 안에 존재하는 '~해야 한다'는 도덕적 당위를 한번 살펴 보자. 아저씨의 질책에 그녀가 감정적으로 반응한 것은 '전철 안에서 립스틱을 발라서는 안 된다'는 생각이 자신 안에도 있었기 때문이다.

아저씨가 분명 '영역'을 침범해 온 것은 맞지만 본인

도 '자신이 해서는 안 되는 일을 했다'는 생각이 들어 불쾌감이 증폭된 것이다. 이럴 때는 그런 상황을 그냥 있는 그대로 받아들인 뒤 나중에 다시 한 번 냉정하게 생각해 보는 것이 좋다.

전철 안에서 립스틱을 바른 건 그럴 만한 사정이 있었기 때문이다. 게다가 누군가에게 폐를 끼친 것도 아니고, 범죄 행위는 더더욱 아니다. 단지 아저씨가 이를 불쾌하게 받아들였을 뿐이다.

이런 식으로 생각하면 기분도 훨씬 나아질 것이고 '앞으로는 될 수 있는 한 전철 안에서 립스틱은 바르지 말아야지'라는 생각을 할 수도 있다.

앞서 말했다시피 '노트'를 써 보는 것도 효과적이다. "모르는 사람이 갑자기 버럭 화를 내는 바람에 깜짝 놀랐지 뭐야", "그때 나는 정말로 짬이 없어 어쩔 수 없었다고", "전철에서 립스틱 좀 발랐다고 그렇게까지 말할 줄 몰랐네, 정말" 등등의 말을 자기 자신에게 해 줌으로써 기분을 재빨리 전환시킬 수 있다.

POINT

상대방의 말이 맞는 말이라 해도
상처를 받았다면
자신을 제대로 위로해야 한다.

SNS상에서 문제 해결법

지금까지 현실의 인간관계에 대해 살펴 봤는데 요즘에는 온라인상에서 '감정적인 사람'을 만나는 일이 적지 않다.

CASE
아무 생각 없이 쓴 말 한마디에 SNS에서 악플이 쇄도했다.

SNS는 '감정적'인 사람들이 모이기 쉬운 장소다.
 평상시라면 '감정적으로 흥분하는 건 꼴사나운 일'이라고 생각하는 사람도 익명으로 말하는 순간, 그러한 사실을 잊어 버리곤 한다. 또한 다른 사람의 '감정적'인 코멘트에 충격을 받아 더욱 '감정적'인 코멘트를 하게 되는 전염성도 있다. 이런 패턴을 거치면서 악플이 쇄도하게 되는 것이다.

가령 틈만 나면 불만을 얘기하는 사람이나 특정인을 지지해 그 사람과 척을 진 사람을 공격하는 사람들이 악플을 다는 건 이해할 수 있다. 이러한 사람들의 경우는 그냥 '그런 사람들'로 보면 된다.

이럴 경우에는 나도 한 차례 폭풍우가 지나가길 바라는 심정으로 사태를 관망한다. 그리고 될 수 있는 한 폭풍우를 자초하지 않도록 표현에 주의를 기울인다. 쓸데없이 '피해의식'을 자극하는 일은 절대 하지 않는 게 좋기 때문이다.

그런데 재해 등 국가 비상사태가 벌어졌을 때 평소에는 그렇지 않던 사람들이 별일 아닌 일에 심한 악플을 다는 경우가 종종 있다. 사실 악플이 달린 당사자는 아무 잘못이 없는 경우가 많은데, 선량한 일반인들이 게시물의 의도를 곡해하면서까지 악플을 다는 이유는 도대체

뭘까?

    생각해 볼 수 있는 케이스로 가령 코로나 사태와 같은 국가 재난시 그 사람 본인이 충격을 받아 상처를 입었기 때문이다. 비상시국인데도 아무 일도 없었다는 듯이 쇼핑을 즐기거나 천하태평하게 지내는 사람들을 보면 '용서가 안 되는' 것이다.

    이런 경우에는 자기 SNS가 악플로 도배되었다기보다는 자신의 게시물이 뭔가 많은 사람들이 받은 마음의 상처를 건드린 것으로 받아들이는 게 현명하다. 여기에서도 '화가 난 사람'은 '본인이 어려운 곤경에 처해 있는 사람'이라고 볼 수 있다.

    자기 자신이 정말 경솔하게 행동했는지 아닌지를 따지며 상황에 휘말리게 되면 '옳음의 줄다리기' 속에서 불필요한 상처를 받게 될지도 모른다. 이때는 개개인의 옳고 그름을 따지기보다는 그냥 어떤 맥락에 있는 자신의 존재 방식이 남들이 보기에 경솔하고 부주의해 보였다고 받아들이면 될 것이다. 사과까지 해야 할까 싶지만 유감의 표현으로 '죄송하다'는 말 정도는 하고 넘어가는 게 좋다. 물론 그냥 무시하고 넘어가는 것도 나쁘지 않다고 생각한다.

POINT　'옳고 그름'을 따지기 전에 상대방을
　　　　'상처 입은 사람들'로 바라본다.

감정적인 진상들에게
대처하는 법

감정적인 사람들 중에는 이를테면 '프로불편러', '진상'이라 불리는 이들이 있다. 아래의 예를 한번 보자.

> **CASE**
> 일 때문에 불만 고객 응대를 하고 있는데 감정적인 사람들이 많아 이러다 내가 폭발해 버리지는 않을까 불안하다.

이미 '프로불편러', '진상'이라는 명칭에서 알 수 있듯이, 이들은 사회에서 '민폐 끼치는 존재'로 생각돼 왔다.
분노라는 감정은 '지금 자기가 처한 상황이 어려움'을

드러내는 감정이라 했는데 사실 '프로불편러'나 '진상'들이야말로 매우 곤란한 상황에 처해 있는 사람들로 볼 수 있다.

'프로불편러'는 실제 뭔가 일이 잘 안 풀려 곤경에 처해 있는 사람들이다. 소위 '진상 부모'는 양육 문제로 뭔가 일이 잘 안 풀리는 걸 '학교 탓'으로 돌리는 양상을 보인다.

'날 무시하는 거야?', '나를 존중하지 않는 것 같아'라는 감정적 사고도 무척 강하다고 볼 수 있다.

이런 사람들에 대해서 '내가 옳고, 당신은 틀렸다'라는 문제로 접근하면 '옳음의 줄다리기'가 돼 버릴 수 있다.

옳고 그름을 따지기 위해 힘겨루기를 하다 보면 대립 구도만 심해질 뿐, 결국 서로 지쳐 쓰러질 것이다. 어느 쪽이든 기분 좋은 해결로는 이어지지 않을 것이고, 양쪽 모두에게 큰 스트레스를 안길 게 분명하다.

이때 효과적인 것은 '곤경에 처한 상대방의 이야기를 들어주려는 태도'를 취하는 것이다.

"제가 잘 몰라서 그러는데요. 좀 가르쳐주시겠어요?"라고 겸손한 태도로 부탁을 해 본다면 상대방의 기세도 한풀 꺾일 것이다. 어쩌면 "내가 말이 너무 심했다"고 사과를 하거나 양육에 대한 불안을 솔직하게 털어놓을지도 모른다.

감정적인 사람을 대할 때는 '옳고 그름'의 문제로 접근하는 태도를 버려야 한다.

그렇다고 해서 이것이 '내가 틀렸다'고 인정하는 것이 되는 것은 아니다. 단지 '어느 쪽이 옳고 그른가' 차원의 이야기를 그만둔 것이다.

POINT

"당신 얘기를 해 주세요"라는 대응이
효과적이다.

비정형 발달장애가 있는 사람의 분노를 접했을 때

 감정적으로 되기 쉬운 사람들은 과거의 트라우마나 마음의 상처와 같은 다양한 문제들을 안고 있다. "왜 이런 일로 쉽게 흥분하는 거지?" 같은 경우에서 이런 일이란 앞에서 얘기했던 자동 스위치에 해당한다. 하지만 트라우마나 마음의 상처로 인해 감정적으로 되는 것과 다소 구별하기 어려운 것이 있는데 바로 비정형발달장애를 지닌 사람의 분노 방식이다.

 비정형발달장애란 지적 장애는 없지만 발달의 치우침이나 특이사항을 보이는 증상을 일컫는다. 대표적으로는 자폐 스펙트럼 장애ASD를 들 수 있는데, 여기서는 특히 아스퍼거 증후군을 중심으로 얘기를 해 보려고 한다. 이들은 정도는 다르지만 정상 수준의 사회생활이 곤란할 정도로 사회 적응력이 떨어지고 특별히 관심을 기울이고 있는 것에만 강박적으로 빠져드는 경향이 있다. 하지만 전형적인 자폐증과는 달리 정서적인 교감이 힘들 뿐 주변 사람들과 의사소통은 가능해 오히려 정상인에 더 가까워 보인다. 실제 이들은 보통 '괴짜'라는 말을 들을지언정 정상적인 직장 생활을 하고 있는 경우가 많다.

간혹 사회에서 이런 사람들을 볼 수 있는데 납득할 수 없는 이유로 흥분을 하거나 강박적인 태도를 취한다면 아스퍼거 증후군은 아닌지 의심해 보기 바란다.

그렇다고 이들의 행동이 바뀌는 것은 아니지만 이들의 특성을 알고 만나는 것과 그렇지 않은 것 사이에는 큰 차이가 있다.

이들의 행동은 다소 한쪽 방향으로 심하게 치우쳐 있는데, 그런 데엔 나름의 이유가 있다. 이들은 자신이 만들어 놓은 세상에서 자신만의 방식으로 살아간다. 따라서 사람들로부터 이들의 논리가 무시당하거나 전면적으로 부정당하면 격하게 흥분을 하거나 분노를 터뜨릴 수 있다. 하지만 이들의 특성을 잘 살펴 그들의 논리대로 다가가면 그들이 지닌 의외의 힘을 발견하게 되기도 한다.

이들은 자신의 관심 분야에서만큼은 지독하리만치 성실한 태도로 일관하기 때문에 가능한 과제를 내 주면 대체로 일을 훌륭히 완수해 낸다.

예를 들어 노벨평화상 후보까지 오를 정도로 활발한 활동을 벌이는 스웨덴의 청소년 환경 운동가인 그레타 툰베리Greta thunberg 역시 아스퍼거 증후군을 앓고 있다. 그녀는 2019년 9월 국제연합본부의 기후행동회담에서 지구 온난화에 대해 예리하면서도 격앙된 톤으로 연설을 해서 주목을 받았다. 그녀의 연설은 많은 사람들에게 강한 인상을 남겼는데 이러한 활동이 가능했던 것은 그녀가 바로 비정형발달장애자였기 때문이다. 실제 그레타 툰베리는 시위 연설을 통해 이 일을 해 낼 수 있었던 건 자신이 아스퍼거이기 때문이라고 밝혔다.

이런 장애를 가진 사람들에게는 타협한다는 것이 낯설고 어려운 일이기 때문에 세상을 흑백논리로 보는 경향이 있다. 소위 회색지대를 참을 수 없는 것이다.

이런 특징을 서로 잘 알아 두고 있다면 "나는 모든 걸 흑과 백으로 나누어 말하지 않으면 참을 수 없다"는 사실을 상대방에게 전할 수 있고 상대방도 이런 행위가 '오만한 단정'이 아니라 그 사람이 살아가기 위한 하나의 방식이라는 것을 이해하게 되면서 쓸데없이 상처받는 일이 사라질 것이다.

POINT 비정형발달장애의 특징을 알고 있으면 쓸데없이 상처받는 일 없이 문제를 해결할 수 있다.

에필로그

자신이 강하다는 사실을 깨닫는다

'감정적'이 되는 것은 자신을 나약한 존재로 만들 뿐이라고 본문에서 계속 이야기했다.

나는 인간은 본래 강한 존재라고 생각한다. 물론 마음이 병들기도 하고 일시적으로 세파에 지쳐 쓰러지기도 하는 등 결코 완벽하다고는 할 수 없다.

하지만 오랜 시간 많은 환자를 만나면서 나는 '인간에게는 힘이 있다'는 사실을 실감해왔다.

아무리 힘든 일을 당해도, 물론 이에 따른 '증상'은 있을 수 있지만, 본질적으로 인간이 강하다는 사실에는 변함이 없다. 오히려 '증상'으로 표출된다는 것 자체가 자신을 지킬 힘이 있다는 걸 증명한다.

'감정적'으로 흥분했을 때 우리는 자신이 갖고 있는 강인함을 완전히 무시한다. '자기가 옳다'는 것을 주장하면서 결국 다른 사람들의 인정을 구걸하는 셈이기 때문이다.

그럼에도 인간은 본래 강인하고 따뜻한 존재다. 여유가 없다면 꼭 그렇지도 않지만 여유가 있을 때의 인간은 아주 따뜻하다. 여유가 없을 때조차 열심히 노력하고 있는 모습은 얼마든지 볼 수 있다.

감정적인 문제를 다룬다는 건 자기감정을 잘 인지하고 자신의 강인함을 알아가는 과정이라고 할 수 있다. 잘 모르겠다면 '자신의 본질은 강하고 따뜻하다'는 것만이라도 인지해 두기 바란다. 많은 분들이 자기의 강함을 인지하고 '감정적'으로 되는 자신을 컨트롤하지 못해 주변 상황에 휘둘리는 일이 없기를 기원한다.

나만 모르고 있는
내 감정의 속사정

지은이 | 미즈시마 히로코
옮긴이 | 박미정
펴낸이 | 이동수
개정판 1쇄 펴낸날 | 2025년 6월 25일

책임 편집 | 이수
디자인 | HUCHU
펴낸 곳 | 생각의날개

주소 | 서울시 강북구 번동 한천로 109길 83, 102동 1102호
전화 | 070-8624-4760
팩스 | 02-987-4760
출판 등록 | 2009년 4월 3일 제25100-2009-13호
ISBN 979-11-85428-83-3 03180

※ 이 책의 전부 또는 일부를 사용하려면 반드시 출판사의 서면 동의를 받아야 합니다.
※ 원고 투고를 기다립니다. 집필하신 원고를 책으로 만들고 싶은 분은
wingbook2009@naver.com으로 원고 일부 또는 전체, 간단한 설명, 연락처 등을 보내주십시오.

※ 책값은 뒤표지에 있습니다.
※ 잘못된 책은 구입하신 곳에서 교환해드립니다.